排球竞赛与裁判方法

陆卫平　主编

北京航空航天大学出版社

内容简介

排球竞赛与裁判方法的理论与实践对于指导人们有效地组织排球赛事和成功地参加排球比赛都有着重要的意义。本书主要对排球竞赛的特点与价值，排球竞赛的组织与编排，制定排球竞赛规程的内容与方法，排球规则的演变与发展，排球裁判员运用规则的基本原则，以及排球裁判方法的教学与实践等方面进行详细的阐述。

本书可作为体育院校师生的教材，并可作为广大排球工作者的学习参考用书。

图书在版编目(CIP)数据

排球竞赛与裁判方法/陆卫平主编. —北京：北京航空航天大学出版社，2009.6

ISBN 978-7-81124-614-8

Ⅰ. 排… Ⅱ. 陆… Ⅲ. ①排球运动—竞赛规则②排球运动—裁判法 Ⅳ. G842.4

中国版本图书馆 CIP 数据核字(2009)第 016697 号

排球竞赛与裁判方法

陆卫平 主编

责任编辑 王 实

*

北京航空航天大学出版社出版发行

北京市海淀区学院路 37 号(100191) 发行部电话：010—82317024 传真：010—82328026

http://www.buaapress.com.cn E-mail:bhpress@263.net

北京市媛明印刷厂印装 各地书店经销

*

开本：787×960 1/16 印张：8.5 字数：190 千字

2009 年 6 月第 1 版 2009 年 6 月第 1 次印刷 印数：3 000 册

ISBN 978-7-81124-614-8 定价：19.00 元

前　言

排球运动有百余年的发展历史，目前已有五大洲的210多个国家或地区开展了排球运动。在排球运动这个大家庭中，6人制排球已成为全世界最具影响力的运动项目之一；沙滩排球是奥运会中唯一在沙地上进行的运动项目；坐式排球是残奥会的正式比赛项目；软式排球被教育部列入21世纪《九年义务教育全日制中、小学体育与健康教学大纲》。虽然各种排球运动的形式相似，但在参赛人数、基本技术、比赛方式和一些自然条件方面却有根本的区别，所以在规则阐述、裁判技巧、比赛程序以及环境条件要求等方面都有所不同。只有充分认识各种排球运动的不同特点，才能使更多的人体验到排球运动所带来的快乐，更好地推动排球运动的进一步普及与发展。

本教材编写的指导思想是，坚持集科学性、知识性和实用性于一体，力求既突出重点，又概括全面；既侧重普及，又兼顾提高。书中内容涉及排球竞赛的组织与实施、竞赛与编排方法、规则的演变与发展、竞赛规程的制定，以及排球规则和裁判方法在比赛实践过程中的实际案例，可供体育院校师生和广大排球工作者学习和参考。

《排球竞赛与裁判方法》由首都体育学院主持编写，陆卫平担任主编，参加编写的人员有潘迎旭（第一章、第二章）、陆卫平（第三章、第四章）、安琪（第五章、附录）、印明（第六章）和蒋理（第七章）。

本教材在编写过程中，参阅并引用了兄弟院校的有关教材和资料，在此一并表示感谢。

由于我们对排球竞赛与裁判方法的理论研究还不够深透，参编人员水平与经验有限，因此，书中可能还存在一些不尽如人意的地方。在此，恳请读者批评指正。

编　者

2008年12月

目　　录

第一章 排球竞赛概述

第一节 排球竞赛的概念

排球竞赛是指参与比赛的双方运动队在裁判员的主持下，遵照规则，在由球网分开的特定场地区域内，以战胜对手、争取胜利为直接目标而进行的比赛。

从上述概念中可以看出，排球竞赛是由比赛参加者、比赛目标、比赛场地、比赛规则和裁判员五个要素构成的。具体如下：

(1) 比赛参加者是排球竞赛的主体，每个运动员和运动队分别承担着不同的任务，组成一个整体共同参与一场竞技较量。

(2) 参赛双方均以战胜对手、争取胜利为直接目标，赋予比赛竞争性。

(3) 比赛场地是运动员展开较量的舞台，只有进入比赛场地才能参与比赛，成为竞技者。

(4) 排球比赛受排球竞赛规则的严格约束。

(5) 裁判员是比赛活动的组织者、竞技规则的执法者、比赛结果的判定者。

第二节 排球运动形式及其竞赛方法

一、以竞技性为主的排球运动形式及其比赛

(一) 6人制排球及其比赛

排球运动在诞生之初并没有规定比赛的上场人数，双方可在赛前临时商定，只要双方人数对等即可。随着比赛规则的逐步完善，每队上场6人的规定于1918年被确定下来。此后，美国一直实行6人制排球，传入欧洲的排球运动也是6人制的，而亚洲的排球发展则经历了16人制、12人制、9人制和6人制的演变，我国是在新中国成立后才逐步采用和推广6人制排球的。目前，6人制排球是世界上最为普遍的排球运动形式。6人制排球既可在室内进行，也可在室外进行，它需要顽强的竞技精神和精确的团队协作，兼具速度感、刺激性和爆发式动作，能够充分展示参与者自身的能力、精神、美感和创造力，是高度与力量、速度与技巧、全面与变化的完美结合，适合终生参与。

6人制排球比赛每队上场6人，1、5、6号位为后排队员，2、3、4号位为前排队员，同排以及同列队员之间各自有位置限制。6人制排球比赛采用5局3胜制，胜3局的队胜1场。比赛

采用每球得分制，接发球队胜1球时得1分并获得发球权，同时队员沿顺时针方向轮转一个位置。每局(决胜局第五局除外)先得25分并同时领先对手2分的队胜1局。当比分为24：24时，比赛继续进行直至某队领先2分(26：24、27：25…)为止。决胜局，先得15分并同时领先对手2分的队获胜。当比分为14：14时，比赛继续进行至某队领先2分(16：14、17：15…)为止。比赛场区为18 m×9 m的长方形。球由柔软皮革或合成革制外壳及橡皮或类似质料的球胆构成，颜色为一色的浅色或彩色。球的周长为65～67 cm，质量为260～280 g，气压为0.30～0.325 kg/cm^2(294.3～318.82 hPa)。球网高度男子为2.43 m，女子为2.24 m。比赛的击球动作有持球、连续击球、四次击球和借助击球等限制。

(二) 沙滩排球及其比赛

沙滩排球起源于20世纪20年代的美国加利福尼亚州的圣·莫尼卡海滩。沐浴在阳光和海风中，头顶蓝天，脚踩柔沙，随着在空中舞动的排球不停地跳跃、奔跑、滚翻……，沙滩排球这一既能竞技，又能休闲、娱乐和健身的活动形式，以其自身特有的魅力，赢得了越来越多的人的青睐。沙滩排球于1996年首次成为奥运会正式比赛项目，迄今为止共举办过4届奥运会沙滩排球比赛，均获得了极大成功。

正式的沙滩排球比赛每队由两名运动员组成，没有替补队员，也不允许教练员场外指导，队员无场上位置限制，但有发球顺序的要求。比赛的目的是将球击过球网，使其落在对方场区内，并阻止对手达到同一目的。每队可击球3次(包括拦网触球)将球击回对方场区。比赛场地包括比赛场区和无障碍区。比赛场区为16 m×8 m的长方形，场地边线外和端线外的无障碍区至少为5 m、最多为6 m，比赛场地上空无障碍空间的高度至少为12.5 m，界线宽为5～8 cm。比赛场地应是水平的沙滩，沙子的深度至少为40 cm，并不得有石头、壳类等可能伤害运动员的杂物。沙滩排球的外壳由柔软和不吸水的材料制成，内装橡胶或类似材料制成的球胆，颜色是黄色、白色、橙色和粉红色等明亮的浅色。球的周长为66～68 cm，质量为260～280 g，气压为0.175～0.225 kg/cm^2(172～221 hPa)。

正式的沙滩排球比赛采用3局2胜制，先胜2局的队赢得比赛的胜利。比赛采用每球得分制，第一、二局先得21分(决胜局15分)的队获胜，但每局都必须领先对手2分以上才能获胜。由于沙滩排球是一项室外运动，考虑到阳光、风向和风速等自然条件会对运动员的技战术发挥产生一定的影响，比赛中每当双方比分累积达到7分(第一、第二局)或5分(第三局)，以及7分或5分的倍数时，双方需马上交换场地，以保证比赛条件的公平。比赛过程中，每队每局最多可请求一次暂停，时间为30 s(秒钟)。第一局和第二局比赛中，当双方比分累积为21分时，有一次30 s的技术暂停。比赛中，受伤队员可请求一次5 min(分钟)的受伤暂停，但每名队员在每场比赛中只有一次请求受伤暂停的机会。比赛中，局与局之间的时间间隔为1 min。沙滩排球比赛中，运动员除不能持球、连续击球和四次击球外，也不能张开手指进行吊球，队员用上手传球完成进攻性击球时传球轨迹必须垂直于双肩连线。

(三) 坐式排球及其比赛

坐式排球运动最早于1956年在荷兰出现。荷兰军队的伤员协会组织伤残军人进行体育活动时，将当时在其国内开展的拳球(fist ball)运动和排球运动巧妙地结合起来，发明了适合残疾人活动的体育项目——坐式排球。1975年，荷兰人第一次组织了坐式排球比赛，制定了简易的比赛规则，对原来排球场地、球网的高度等进行了缩小和降低，同时明确规定了上场比赛的人数，使之适合残疾人坐在地面上进行比赛。此后，经过不断的摸索和实验，逐渐完善了比赛规则，将坐式排球比赛发展成为适合残疾人进行的体育比赛。1980年，男子坐式排球首次作为正式比赛项目进入残奥会。2004年在希腊雅典举行的第12届残奥会上，首次将女子坐式排球列为正式比赛项目。

坐式排球比赛场地分比赛场区和无障碍区，其场区为10 m×6 m的长方形。比赛场地边线外无障碍区宽度至少为4 m，端线外宽度至少为6 m，比赛场地上空无障碍空间的高度至少为10 m。比赛场地的地面只能是木质或合成物质的，必须平坦，不得有任何可能伤害队员的隐患，不得在粗糙、湿或滑的场地上进行比赛。比赛场区和无障碍区分别为两种不同的颜色。场区上所有的界线为白色，宽为5 cm。比赛用球的外壳由柔软的皮革或合成革制成，内装橡胶或类似质料制成的球胆，颜色是一色(浅色)或彩色。球的周长为65～67 cm，质量为260～280 g，气压为0.30～0.325 kg/cm^2(294.3～318.82 hPa)。球网架设在中线上空，其高度男子为1.15 m，女子为1.05 m。

坐式排球比赛每队由12名队员组成，两队各派6名队员在由球网分开的场地上进行比赛。场上6名队员中可以包括最多一名“最低限度的残疾”队员。比赛的目的是各队遵照规则，将球击过球网，使其落在对方场区的地面上而防止球落在本方场区的地面上。每队可击球3次(拦网触球除外)，将球击回对区。比赛由发球开始，发球队员击球使球从过网区飞至对区，比赛由此连续进行，直至球落地、出界或某一队不能合法地将球击回对区为止。

坐式排球比赛采用5局3胜制，胜3局的队胜1场。比赛中某队胜1球，即得1分(每球得分制)。接发球队胜1球时得1分，同时获得发球权，队员按顺时针方向轮转一个位置。每局比赛先得25分并同时领先对手2分的队胜1局。当比分为24：24时，比赛继续进行直至某队领先2分(26：24、27：25…)为止。决胜局，先得15分并同时领先对手2分的队获胜。当比分为14：14时，比赛继续进行至某队领先2分(16：14、17：15…)为止。坐式排球比赛方式与6人制排球比赛方式基本相同，同样有连击、持球、四次击球和借助击球等限制，但同时坐式排球比赛也有自己的特殊规定，例如：在比赛过程中，运动员需要坐在地上进行比赛，其臀部必须保持与地面接触，不允许站立和行走。在不妨碍对方完成技术动作的情况下，允许队员的手和脚越过中线。

根据竞赛任务和竞赛规模的不同，以竞技性为主的排球运动形式及其比赛可以分为综合性运动会中的排球比赛，以及锦标赛、联赛、杯赛、邀请赛、选拔赛、检查赛、表演赛和友谊赛等不同形式。

二、以娱乐性为主的排球运动形式及其比赛

(一) 软式排球及其比赛

软式排球20世纪80年代诞生于日本，90年代初传入我国并逐步得到推广，是一项娱乐性和健身性较强的新兴的排球活动形式。软式排球分充气式和免充气式两大类，我国生产的软式排球主要是免充气式的。因球体柔软、质量相对较轻、击出的球飞行速度较6人制的硬式皮制排球慢，所以不易挫伤手指，也不易落地，玩起来既安全又有趣，不受年龄、性别、体质和技术水平的约束，受到越来越多中小学生的喜爱。

正式的软式排球比赛分为A制(4人)和B制(6人)。A制比赛中，1号位为后排队员，2、3、4号位为前排队员；B制比赛中，1、5、6号位为后排队员，2、3、4号位为前排队员。A制比赛场区为16 m×9 m的长方形，四周至少有3 m宽的无障碍区，从地面向上至少有7 m高的无障碍空间。B制比赛场区为18 m×9 m的长方形，四周至少有3 m宽的无障碍区，从地面向上至少有7 m高的无障碍空间。成人比赛所用球的周长为65～67 cm、质量为220～240 g，青少年比赛所用球的周长为63～65 cm、质量为200～220 g。成人比赛球网高度男子为2.35 m、女子为2.20 m，青少年比赛的网高可适当降低。

软式排球比赛采用3局2胜制和每球得分制。发球队胜1球即得1分，同时获得发球权。每次换发球时发球队员按顺时针方向轮转一个位置。前两局，先得25分并同时超过对方2分以上的队胜一局。当比分为24∶24时，比赛继续进行直至某队领先对方2分为止，没有最高分限。决胜局，先得15分并同时超过对方2分以上的队胜该局。当比分为14∶14时，比赛继续进行直至某队领先2分为止，没有最高分限。决胜局比分到8分时双方交换场区。

(二) 9人制排球及其比赛

亚洲的排球运动发展，在6人制之前曾经历过16人制、12人制和9人制。我国从1951年起为适应国际比赛的需要正式推广和采用了6人制排球运动，但9人制排球自1927—1951年在我国流行了24年之久，有着广泛的群众基础。直到今天，我国的一些沿海地区，特别是一些“排球之乡”，仍然有不少爱好者参加9人制排球活动。我国妇女与日本妇女之间也经常开展9人制排球活动，并以此作为国际交流的一种形式。

9人制排球比赛是双方各上场9名队员，在一个22 m×11 m(女子比赛场地为18 m×9 m)的场地上进行的集体攻防对抗运动。场上队员分3排站立，一般前排中是二传手，左、右两名队员为快攻手和拦网手；二排中为快攻手、强攻手兼接应二传手，二排左、右两名队员一般为强攻手；后排的3名队员均为防守队员。比赛中，进攻主要采用快球掩护下的各种战术。防守一般采用3人集体拦网，二排中的队员跟进保护，后排3名队员分区防守的阵形。

正式的9人制排球比赛采用5局3胜制，比赛采用每球得分制，以某队先得21分并领先对方2分(如21∶19、24∶22…)以上为获胜，无最高分限。

9人制排球比赛的突出特点是队员在比赛中场上位置不轮转，也无固定位置，不分前、后

排，无位置错误，只按事先排定的发球顺序依次发球，任何队员都可以在任何高度进行进攻性击球和拦网。因此，对参与者技术的全面性要求不高，更多的是要求参与者具有技术特长。发球队员有两次发球机会，第一次发球失误，还可以再次发球。持球和连击尺度放宽，但不鼓励捞、捧和携带球等动作。球网高度男子为 2.30 m，女子为 2.10 m。比赛场区内无中线和进攻线。

(三) 妈妈排球及其比赛

妈妈排球开始于日本的名古屋，因参加者多为孩子的妈妈而得名。1979 年 6 月，名古屋市妈妈排球队访问我国，介绍并表演了这种娱乐排球。从此，妈妈排球在我国也逐渐开展起来。1987 年 5 月，在上海举办了全国首届妈妈排球邀请赛，江苏、山东、上海、原国家体委 4 支妈妈排球队参加了比赛。目前，妈妈排球已经成为中日女排元老队员一项传统的友好交流活动。

妈妈排球主要采取 9 人制排球的打法和规则进行比赛。

(四) 小排球及其比赛

小排球又被称为迷你排球(mini volleyball)。大约在 20 世纪 60 年代初，前民主德国的教练员在推广儿童排球的活动中创造了“小排球”，并取得了较好效果。此后，小排球活动在世界各国普遍开展起来。1975 年在瑞典，1979 年在意大利，1982 年在阿根廷，相继召开了国际小排球讨论会。目前，意大利、德国、日本、墨西哥、匈牙利、美国、加拿大、中国和保加利亚等国都广泛开展了小排球运动，国际排联已将其与学校排球运动一起列入现代排球的发展规划中，并设有专门的小排球委员会分管这项少年儿童喜爱的活动。国际排联小排球委员会为便于更好地进行国际交流和更广泛地开展 9～12 岁少年儿童的排球活动，于 1971 年统一了小排球比赛的规则。

我国一直重视小排球活动，不少中小学校都有开展小排球活动的传统。小排球活动给少年儿童带来了欢乐。少年儿童参加小排球活动，既能增强体质，促进生长发育，又能培养对排球运动的兴趣，养成团结、互助的良好习惯和勇敢、顽强的优良品质，促进少年儿童身心的健康成长。同时，开展小排球活动也有利于发现、培养和选拔竞技排球运动的人才。

1973 年，我国由原国家体委审定出版了《9～12 岁小排球规则》，主要内容包括：

(1) 比赛场区 16 m×8 m，男、女网高均为 1.9 m 或 2 m(少年组男子 2.24～2.30 m，女子 2.00～2.10 m)，距中线 2.5 m 处设有扣球进攻限制线，将场地分为前场区和后场区。

(2) 正式比赛采用 5 局 3 胜制，一般比赛采用 3 局 2 胜制。先得 11 分并超过对方 2 分以上的队为胜 1 局。决胜局中任何一队先得 6 分时双方交换场区。

(3) 获得发球权以后，队员要按顺时针方向轮转位置，轮转方法同 6 人制排球。

(4) 球的制作同一般排球，球的周长为 58～60 cm、质量为 200～220 g(少年组球的周长为 61～64 cm，质量为 230～250 g)。

(5) 发球有两次机会，第一次失误，可再发一次。

（五）气排球及其比赛

气排球是我国土生土长的一项群众性排球活动。1984年，呼和浩特铁路局为了开展老年人体育活动，在没有规则限制的情况下，组织离退休职工用气球在排球场上进行游戏。由于气球过轻且易爆，他们将两个气球套在一起打，最后又改用儿童软塑球。后来，组织者参照6人排球竞赛规则制定了简单的比赛规则，并将这种活动形式取名为气排球。1991年，在北京举行的全国铁路老年体育工作会议决定在全国铁路老年人中推广气排球活动。火车头老年体育协会依据排球规则，编写了第一本《气排球竞赛规则》，并在上海特制了比赛用球。1992年3月，在石家庄举办了第一期全国铁路气排球学习班。同年11月，在武汉举行了首届全国铁路老年人气排球比赛，共有7支男队和6支女队参加比赛。1993年3月，火车头老年人气排球协会在北京正式成立。同年7月，全国铁路第2届老年人气排球比赛分别在齐齐哈尔市和锦州市举行。

与普通排球比赛相比，气排球比赛由于对运动的技巧性要求降低，比赛中球的飞行速度减慢，来回球的次数增加，击球花样增多，使得初学者对球的恐惧感消失，因而大大提高了气排球比赛的趣味性、吸引力和可观赏性，尤其适合老年人健身和少年儿童娱乐的需要。

气排球比赛每队上场5人。比赛用球由软塑料制成，球的颜色为黄色。球的质量为100～150 g，周长为79～85 cm。气排球比赛场地为12 m×6 m的长方形，比赛网高男子为2 m、女子为1.8 m。气排球的打法和比赛记分方法均与6人制排球基本相同。

（六）墙排球及其比赛

墙排球是一种利用墙壁反弹作用的新型室内排球活动，具有墙球、排球和室内英式足球的特点。墙排球对人的反应灵敏性和技术技巧性要求较高，有助于锻炼人们的思维，玩起来精彩有趣，适宜在俱乐部、度假村和宾馆等地开展。

墙排球运动是在一个长为12.2 m、宽为6.1 m、顶高为6.1 m的长方形玻璃房间内进行的，双方各上场2名、3名或4名队员进行对抗。墙排球的规则以6人制排球为基础，球网高度男子为2 m、女子为1.8 m，网长到墙球场的两侧。场区内在距离中线的中心线为2 m处有一条进攻线，把场区分为前场区和后场区。球的质量为255～285 g，比排球质地软。比赛中，球过网前双方各有3次击球的机会，队员利用墙的反弹，将球通过侧面墙壁撞击进入对手的场地，可以使球上升、下落或旋转，比赛者可以运用对准墙角击球给对手制造麻烦。但一次击球连续撞击两面墙为失误，球撞天花板或底线墙为出界。比赛中有“一次发球得分轮转”（即发球得分后队员不得连续发球，应换下一人发球）的规定。进攻时，队员必须在距中线的中心线2 m的进攻线后将高于球网上沿的球击入对方场区。

（七）雪地排球及其比赛

雪地排球是美国滑雪胜地开展的一项排球活动。人们在－15 ℃的高山雪地，头戴滑雪帽，身穿滑雪服，在雪野中跳跃扣杀，翻滚扑救，其乐无穷。

雪地排球的比赛方法与6人制排球比赛方法相似，比赛时，双方各上场3名队员，每局先赢得 7 分的队为胜队。

第三节 排球竞赛的特点和价值

一、排球竞赛的特点

(一) 参赛目标的竞争性

在排球比赛中,参赛双方均以战胜对手、争取胜利为直接目标。为了实现这个直接的目标,比赛双方充分运用身体、技术、战术、智能和心理等方面的能力进行激烈的竞争,使得比赛充满了竞争性。

(二) 竞赛条件的公平性

参加排球比赛的双方是在同一块场地上,使用同样的比赛器材,遵循同样的规则和竞赛制度进行同场竞技比赛的,因此,最大限度地保证了竞赛条件的公平性。

(三) 竞赛规则的制约性

在比赛中,为了实现战胜对手、争取胜利的目标,比赛双方可以充分发挥运动员身体、技术、战术、智能和心理等方面的能力,但必须在竞赛规则的限定下完成。因此,排球竞赛具有竞赛规则的制约性。

(四) 竞赛过程及结果的随机性

在每球得分制的排球比赛中,为了实现战胜对手、争取胜利的目标,参赛双方除需要充分发挥自身的身体、技术、战术、智能和心理能力以外,还要面对来自对手的各方面挑战,比赛的进程和最终结果通常是无法在赛前准确预料的,只能由双方的临场发挥决定,竞赛过程及结果具有极大的随机性。

(五) 竞赛信息的扩散性

在一场排球比赛中,除参赛的双方运动员外,还有裁判员、观众、竞赛管理者、新闻媒体和赞助商等相关利益群体的密切参与。赛事基本信息和比赛结果将不可避免地在相对广阔的范围内被迅速扩散和传播,有利于排球运动的开展和排球文化的传播。

二、排球竞赛的价值

排球竞赛是排球运动发展过程中不可缺少的重要内容,是排球教学与训练的重要组成部分,同时也是宣传、普及和提高排球运动水平的有效措施之一。

(一) 竞技价值

排球竞赛是运动员竞技能力的较量。运动员通常都以取胜为参赛目标,在比赛中都会全力以赴,力求最大限度地发挥自身所具有的各种竞技能力,包括体能、技能、心理能力与智能。

(二)健身价值

运动员在排球竞赛中都要承受较大的运动负荷,当然也就对自身的机体施加了相应的刺激,促进了机体的不断强壮。群众性健身体育活动中排球竞赛的健身价值就更加突出。

(三)观赏价值

无论是优秀运动员参加的排球赛事,还是排球爱好者组织的竞赛,都有着很高的观赏性。在排球运动百余年的发展历程中,形成了自身的项目特点。人们在观看排球竞赛时,看到运动员完成各种运动技巧,会受到美的熏陶,得到美的享受。

(四)商业价值

在现代社会中,体育与经济的关系日益紧密。在这一大趋势下,排球竞赛的商业价值也在许多方面、许多场合表现出来。从历史的角度看,体育竞赛的功能主要体现在促进人类和平,更新传统观念,推进经济发展,丰富文化生活等方面。在人类进入 21 世纪的今天,体育竞赛对社会的经济发展和丰富大众的文化生活将起到越来越重要的作用。

(五)宣传价值

排球竞赛具有蓬勃的生命力。运动员在排球比赛中风格各异的表演,比赛双方激烈的角逐对抗,竞赛结果的不确定性,都会引发观众情绪的起伏激荡。2004 年,中国女排在雅典奥运会上团结拼搏,决赛中上演大逆转,以 3∶2 战胜俄罗斯队,又一次夺得奥运会冠军,亿万观众观看了这场比赛的电视转播。人们关心着明星的表演,关注着比赛的结果,这就为传播媒介的宣传提供了广阔的市场。

第二章　排球竞赛的组织与实施

第一节　排球竞赛的组织机构及其职责

一、排球竞赛的组织机构

竞赛组织者在组织排球竞赛时，首先应依法或按照有关规定成立相应的组织委员会，使之成为即将举办的排球竞赛的权利机构，并在其领导下推动和保障各项竞赛工作的顺利进行。根据竞赛计划的设想和要求，组织委员会可以有不同的规模和形式。大型排球竞赛的组织机构如图 2－1 所示，而一般学校或基层单位的排球竞赛组织委员会则可以根据情况适当精简。

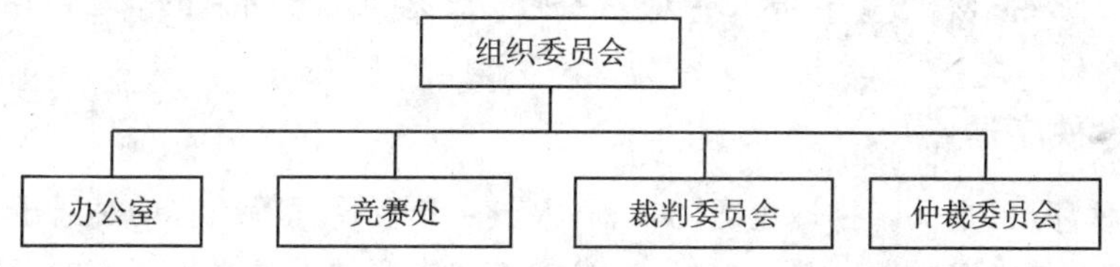

图 2－1　排球竞赛组织委员会结构

在采用主客场制组织比赛时，应成立两个层次的组织领导机构：一是成立联赛组织委员会；二是各承办单位成立赛区委员会。

二、排球竞赛组织机构的职责

（一）组织委员会

组织委员会（简称组委会）是排球竞赛的最高领导机构，对竞赛进行决策、组织和控制。由于排球竞赛涉及人、财、物及信息等方面，所以组委会在实施领导中应以调动人的积极性、做好人的工作为根本，并注意掌握运动竞赛复杂、竞争及多变的特点，善于在动态中做好组织和管理工作。

组委会的主要职责包括：

（1）听取、讨论并通过竞赛计划及各部门工作的实施方案。

（2）商议并批准竞赛经费的预算和决算方案。

（3）讨论并处理竞赛过程中发生的重大问题。

（4）审议并通过竞赛工作中的奖惩提案。

（5）听取、讨论并通过竞赛总结工作报告。

(二) 办公室

办公室是组委会下设的办事机构,负责秘书、会议、联络、接待、食宿、交通、医务、财务及保卫等行政事务工作。

(三) 竞赛处

负责竞赛的组织安排、成绩的登记与公布,组织裁判长、领队及教练员联席会议,负责开幕式及闭幕式的组织和奖品的颁发等。

(四) 裁判委员会

负责竞赛的裁判员选调、培训、临场工作安排和裁判工作业务评定等事项。

(五) 仲裁委员会

按照我国《仲裁委员会条例》的规定,仲裁委员会是排球竞赛的仲裁机构,在组委会的领导下进行工作。其任务是复审比赛期间执行竞赛规则及竞赛规程中发生的纠纷,保证竞赛规则和规程的正确执行。

第二节　排球竞赛秩序册和有关竞赛表格的设计与编印

一、排球竞赛秩序册

排球竞赛秩序册,是关于排球竞赛的日程、人员名单及规程等内容的小册子。它虽不是法则,但由于所包含的内容重要,因此也是所有参加排球竞赛的人员必须遵守的竞赛文件。

排球竞赛秩序册通常包括下列内容:

(1) 排球竞赛规程;

(2) 组织委员会名单;

(3) 裁判员名单;

(4) 总日程表;

(5) 竞赛日程;

(6) 参赛队伍名单;

(7) 成绩记录表;

(8) 有时还包括开闭幕式程序、场地图等。

二、赛前训练表

赛前训练表是在比较正式的排球竞赛中,由组委会为参赛各队安排赛前训练所使用的一种表格。赛前训练表通常应包括训练日期、训练时间、球队名称和训练场地等相关信息。除了采用由组委会根据参赛队伍数量、能够开放的训练场地数量及开放时间等情况直接排定各队的赛前训练表(见表 2-1)外,也可以根据“先签先得”原则,由各队在规定的时限内自己填写赛前训练表(见表 2-2),预定训练时间和场地。无论是由组委会直接排定训练场地和训练时

表 2-1　由组委会排定训练场地的赛前训练表示例

日　期	时　间	球队名称	训练场地
10 月 21 日	8:00—11:30	北京市什刹海运动学校	1 号场地
		天津市体育运动学校	2 号场地
		河北省体育运动学校	3 号场地
		江苏省业余体校	4 号场地
		浙江省体育运动学校	5 号场地
		山东省体校	6 号场地
	14:00—17:30	沈阳市体育运动学校	1 号场地
		鞍山市体育运动学校	2 号场地
		杭州市陈经纶体育学校	3 号场地
		潍坊市体育运动学校	4 号场地
		郑州市体育场体校	5 号场地
		开封市体育运动学校	6 号场地

注：摘自 2004 年全国高水平后备人才女排训练营比赛的赛前训练安排。

表 2-2　由参赛队自己预定训练场地的赛前训练表示例

日　期	时　间	1 号场地	2 号场地	3 号场地	备　注
8 月 13 日	9:00—10:00				
	10:00—11:00				
	11:00—12:00				
	12:00—13:00				
	13:00—14:00				
	14:00—15:00				
	15:00—16:00				
	16:00—17:00				
	17:00—18:00				
	19:00—20:00				
	20:00—21:00				
	21:00—22:00				
	22:00—23:00				

注：本表摘自“好运北京”2007 年国际排联女子沙滩排球挑战赛赛前训练表。

间，还是由参赛队根据情况自主选择训练场地或训练时间，一旦赛前训练表排定，都应立即下发或公布，以便让参赛各队及相关部门和人员周知。

三、排球竞赛有关文件、表格的印制

在所有的相关竞赛文件制定和表格设计完毕后，应根据排球竞赛规模、竞赛文件及表格的发放范围计算所需要的印制数量，并组织人力进行印制和发放。竞赛文件和表格的印制数量既要满足竞赛的实际需要，又要避免无谓浪费，尽量节约赛事支出。

四、排球竞赛常用表格

排球竞赛常用表格示例如图 2－2～2－9 所示。

排球比赛报名表

比赛名称 ________ 运动队名称 ________

年 月 日

号码	运动员姓名	个人信息			摸高		场上位置	注册证号码	参赛信息(次数)		
		出生日期	体重	身高	扣球	拦网			国际比赛	国内比赛	总计
1											
2											
3											
4											
5											
6											
7											
8											
9											
10											
11											
12											

	姓 名	性别
教练员		

	职 务	姓 名	性别
随队官员			

	职 务	姓 名	性别
随队医生及其他			

运动队负责人签名	医务部门盖章	单位盖章

图 2－2 排球比赛报名表示例

排球比赛技术统计表

比赛名称	场序	队名	男 女
比赛结果 ___:___	局比分 ___:___ ___:___ ___:___ ___:___ ___:___		胜队

队员姓名	队员号码	发球				扣球				一传				拦网				防守			
		得分	一般	失误	总数	扣死	一般	失误	总数	到位	一般	失误	总数	拦死	一般	失误	总数	好球	一般	失误	总数

统计员签名：

图 2－3 排球比赛技术统计表示例

排球比赛成绩报告单

组别：__________ 比赛日期：__________ 月__________ 日

地点：__________ 阶段：__________

局次 \ 比分 \ 队名		
第一局		
第二局		
第三局		
第四局		
第五局		
比赛结果： 3: 胜队：		

记录员：__________ 裁判长：__________

图 2－4 排球比赛成绩报告单示例

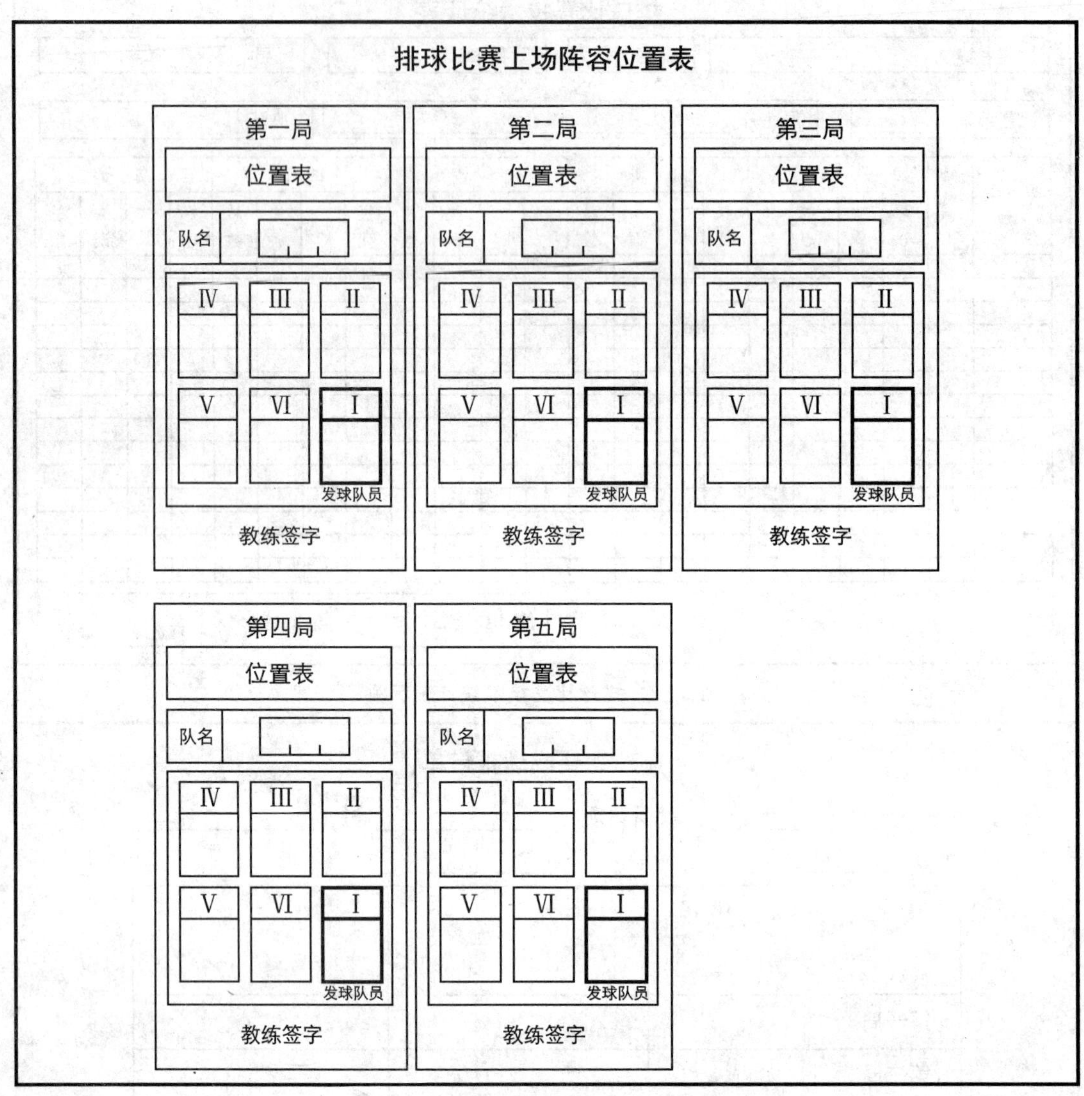

图 2-5 排球比赛上场阵容位置表示例

排球比赛记分表

GVA

比赛名称

城市　场馆　组/阶段　国家代号　场次　日期　时间

A&B 比赛队 对 A&B

性别：男 □ 女 □ 类别：成年 □ 青年 □ 少年 □

球队阵容	
发球顺序	
发球队员	
替换队员号码	
换人比分	比分
发球轮次	1st 5th / 2nd 6th / 3rd 7th / 4th 8th

第一局：开始时间：队名 Ⓐ Ⓢ Ⓡ　I Ⅱ Ⅲ Ⅳ Ⅴ Ⅵ　分 (1–48)　·T·　队名 Ⓑ Ⓢ Ⓡ　结束时间：　I Ⅱ Ⅲ Ⅳ Ⅴ Ⅵ　分 (1–48)　·T·

第二局：开始时间：队名 Ⓑ Ⓢ Ⓡ　I Ⅱ Ⅲ Ⅳ Ⅴ Ⅵ　分 (1–48)　·T·　队名 Ⓐ Ⓢ Ⓡ　结束时间：　I Ⅱ Ⅲ Ⅳ Ⅴ Ⅵ　分 (1–48)　·T·

第三局：开始时间：队名 Ⓐ Ⓢ Ⓡ　I Ⅱ Ⅲ Ⅳ Ⅴ Ⅵ　分 (1–48)　·T·　队名 Ⓑ Ⓢ Ⓡ　结束时间：　I Ⅱ Ⅲ Ⅳ Ⅴ Ⅵ　分 (1–48)　·T·

第四局：开始时间：队名 Ⓑ Ⓢ Ⓡ　I Ⅱ Ⅲ Ⅳ Ⅴ Ⅵ　分 (1–48)　·T·　队名 Ⓐ Ⓢ Ⓡ　结束时间：　I Ⅱ Ⅲ Ⅳ Ⅴ Ⅵ　分 (1–48)　·T·

第五局：开始时间：队名 ○ Ⓢ Ⓡ　I Ⅱ Ⅲ Ⅳ Ⅴ Ⅵ　分 (1–8)　队名 ○ Ⓢ Ⓡ　结束时间：　I Ⅱ Ⅲ Ⅳ Ⅴ Ⅵ　分 (1–30)　交换场地　·T·　队名 ○ 交换场区时得分　I Ⅱ Ⅲ Ⅳ Ⅴ Ⅵ　分 (1–30)　·T·

○ A&B		队名	A&B ○
No	姓名	No	姓名

自由人号码("L")

队的成员：C　AC　T　M

签名：队长　教练　队长　教练

判罚						
W	P	E	D	Ⓐ/Ⓑ	局	比分

符号说明：C=主教练　AC=助理教练　T=训练员　M=医生　号码=队员　D=延误

备注

承办比赛

裁判员	姓名	国家	签名
1st			
2nd			
记录员			
记时员			

司线员 1 2 3 4

Ⓐ 队长 Ⓑ

比赛结果

队名	Ⓐ			局时间	Ⓑ			队名
·T·	S	W	P		P	W	S	·T·
				1 (　)				
				2 (　)				
				3 (　)				
				4 (　)				
				5 (　)				
				比赛时间 (　min)				

开始时间 . . h . . min　结束时间 . . h . . min　比赛总时间 . . h . . min

胜队　3：

图2-6　排球比赛中文记分表示例

FEDERATION INTERNATIONALE DE VOLLEYBALL

INTERNATIONAL SCORESHEET

Name of the Competition :

City | Country Code : | Date (D M Y) | Time (H : mn)

Hall | Pool/Phase | Match N°

A or B ◯ TEAMS vs ◯ A or B

Division : Men ☐ Women ☐ Category : Senior ☐ Junior ☐ Youth ☐

Team line-up	SET 1	START time (H : mn)	TEAM	Ⓐ (S/R)	POINTS	(S/R) Ⓑ	TEAM	END time (H : mn)	POINTS
Service order		I II III IV V VI			1–48 "T"		I II III IV V VI		1–48 "T"
N° of Starting players									
Substitutes: N° of Player									
Substitutes: Score at change									
Service rounds: 1st 5th / 2nd 6th / 3rd 7th / 4th 8th									

SET 2	START time (H : mn)	TEAM	Ⓑ (S/R)	POINTS	(S/R) Ⓐ	TEAM	END time (H : mn)	POINTS
	I II III IV V VI			1–48 "T"		I II III IV V VI		1–48 "T"

Team line-up	SET 3	START time (H : mn)	TEAM	Ⓐ (S/R)	POINTS	(S/R) Ⓑ	TEAM	END time (H : mn)	POINTS
Service order		I II III IV V VI			1–48 "T"		I II III IV V VI		1–48 "T"
N° of Starting players									
Substitutes: N° of Player									
Substitutes: Score at change									
Service rounds: 1st 5th / 2nd 6th / 3rd 7th / 4th 8th									

SET 4	START time (H : mn)	TEAM	Ⓑ (S/R)	POINTS	(S/R) Ⓐ	TEAM	END time (H : mn)	POINTS
	I II III IV V VI			1–48 "T"		I II III IV V VI		1–48 "T"

Team line-up	SET 5	START time (H : mn)	TEAM	◯ (S/R)	POINTS	(S/R) ◯	TEAM	END time (H : mn)	POINTS	Change side	TEAM ◯	POINTS AT CHANGE	POINTS
Service order		I II III IV V VI			1–8 "T"		I II III IV V VI		1–30 "T"		I II III IV V VI		1–30 "T"
N° of Starting players													
Substitutes: N° of Player													
Substitutes: Score at change													
Service rounds: 1st 4th / 2nd 5th / 3rd 6th													

◯ A or B TEAMS A or B ◯

N°	Name of the player	N°	Name of the player

LIBERO PLAYERS ("L")

OFFICIALS: C / AC / T / M

SIGNATURES: Team Captain | Team Captain; Coach | Coach

SANCTIONS | IMPROPER REQUEST TEAMⒶ : TEAMⒷ

W (Warning)	P (Penalty)	E (Expulsion)	D (Disqual.)	Ⓐ/Ⓑ	SET	SCORE

To record sanctions: Put the corresponding abbreviation (N° for player, C= Coach, AC= Assistant Coach, T=Trainer, M= Medical) or D for Delay sanctions, in the appropriate column and indicate the team, the set and the score at the moment of the sanction.

REMARKS

APPROVAL

Referees	Name	Country	Signature
1st			
2nd			
Scorer			
Assistant Scorer			

Line Judges: 1 2 3 4

Ⓐ Team Captains Ⓑ

RESULTS

TEAM				Ⓐ Ⓑ				TEAM
"T"	S	W	P (Points)	SET (Duration)	P (Points)	W	S	"T"
				1 ( )				
				2 ( )				
				3 ( )				
				4 ( )				
				5 ( )				
				Total Set Duration (mn)				

Match Starting Time _h _mn | Match Ending Time _h _mn | Total Match Duration _h _mn

WINNER 3 : _

图2－7 排球比赛英文记分表示例

WT11 - FIVB BEACH VOLLEYBALL INTERNATIONAL SCORESHEET RPS-2 out of 3 sets

FIVB

Name of Competition:

2009 Edition

Match No.: | Site: | Beach: | Court: | Date: / / | Men ☐ Women ☐ | Main Draw ☐ Qual. ☐ | Elim. ☐ Class. ☐ S-F ☐ Finals ☐

A or B ◯ / Country　　TEAM VS.　　A or B ◯ / Country

1st SET

Start time: :

service order	team	player no.	Misconduct sanctions Warn.	Pen.	Pen.	Pen.																				
I	◯ A or B		:	:	:	:	1	2	3	4	5	6	7	8	9	10	11	12	13	14	15	16	17	18	19	20
III			:	:	:	:	1	2	3	4	5	6	7	8	9	10	11	12	13	14	15	16	17	18	19	20

Time Out	Delay sanctions Warn.	Pen.	Pen.	Pen.
:	:	:	:	:

TEAM POINTS

1 2 3 4 5 6 7 8 9 10 11 12 13 14 15 16 17 18 19 20 21 22 23 24 25 26 27 28 29 30 31 32 33 34 35

1 2 3 4 5 6 7 8 9 10 11 12 13 14 15 16 17 18 19 20 21 22 23 24 25 26 27 28 29 30 31 32 33 34 35

service order	team	player no.	Misconduct sanctions Warn.	Pen.	Pen.	Pen.																				
II	◯ A or B		:	:	:	:	1	2	3	4	5	6	7	8	9	10	11	12	13	14	15	16	17	18	19	20
IV			:	:	:	:	1	2	3	4	5	6	7	8	9	10	11	12	13	14	15	16	17	18	19	20

Time Out	Delay sanctions Warn.	Pen.	Pen.	Pen.
:	:	:	:	:

Court switch
A : B
:
:
: (TTO)
:
:
:
:
:

End time: :

2nd SET

Start time: :

service order	team	player no.	Misconduct sanctions Warn.	Pen.	Pen.	Pen.																				
I	◯ A or B		:	:	:	:	1	2	3	4	5	6	7	8	9	10	11	12	13	14	15	16	17	18	19	20
III			:	:	:	:	1	2	3	4	5	6	7	8	9	10	11	12	13	14	15	16	17	18	19	20

Time Out	Delay sanctions Warn.	Pen.	Pen.	Pen.
:	:	:	:	:

TEAM POINTS

2 3 4 5 6 7 8 9 10 11 12 13 14 15 16 17 18 19 20 21 22 23 24 25 26 27 28 29 30 31 32 33 34 35

2 3 4 5 6 7 8 9 10 11 12 13 14 15 16 17 18 19 20 21 22 23 24 25 26 27 28 29 30 31 32 33 34 35

service order	team	player no.	Misconduct sanctions Warn.	Pen.	Pen.	Pen.																				
II	◯ A or B		:	:	:	:	1	2	3	4	5	6	7	8	9	10	11	12	13	14	15	16	17	18	19	20
IV			:	:	:	:	1	2	3	4	5	6	7	8	9	10	11	12	13	14	15	16	17	18	19	20

Time Out	Delay sanctions Warn.	Pen.	Pen.	Pen.
:	:	:	:	:

Court switch
A : B
:
:
: (TTO)
:
:
:
:
:

End time: :

图2－8　沙滩排球比赛记分表示例

3rd SET

Start time: ____ : ____

service order	team	player no.	Misconduct sanctions																							
			Warn.	Pen.	Pen.	Pen.																				
I	A or B		:	:	:	:	1	2	3	4	5	6	7	8	9	10	11	12	13	14	15	16	17	18	19	20
III			:	:	:	:	1	2	3	4	5	6	7	8	9	10	11	12	13	14	15	16	17	18	19	20

Time Out	Delay sanctions			
	Warn.	Pen.	Pen.	Pen.
:	:	:	:	:

TEAM POINTS

1 2 3 4 5 6 7 8 9 10 11 12 13 14 15 16 17 18 19 20 21 22 23 24 25 26 27 28 29 30 31 32 33 34 35

1 2 3 4 5 6 7 8 9 10 11 12 13 14 15 16 17 18 19 20 21 22 23 24 25 26 27 23 29 30 31 32 33 34 35

service order	team	player no.	Misconduct sanctions																							
			Warn.	Pen.	Pen.	Pen.																				
II	A or B		:	:	:	:	1	2	3	4	5	6	7	8	9	10	11	12	13	14	15	16	17	18	19	20
IV			:	:	:	:	1	2	3	4	5	6	7	8	9	10	11	12	13	14	15	16	17	18	19	20

Time Out	Delay sanctions			
	Warn.	Pen.	Pen.	Pen.
:	:	:	:	:

Court switch
A : B
:
:
:
:
:
:
:
:

End time: ____ : ____

TEAMS

A/B No.	Players' Name	A/B No.	Players' Name
Captain's pre-match signature:		Captain's pre-match signature:	
Captain's post-match signature:		Captain's post-match signature:	

OFFICIALS

	Name	Country	Signature
1st			
2nd			
Scorer			
Linejudges	1	2	
	3	4	

RESULT

	TEAM (A/B)			Duration (min.)	(A/B) TEAM		
	Time-Outs	W / L	Points		Points	W / L	Time-Outs
1st							
2nd							
3rd							
Total							

Winning team: ________ / ________ (　) 2 : __ (　:　),(　:　),(　:　)

Remarks:

Additional information attached

Winner of Coin Toss: A or B　Set 1　Set 3

图2－8　沙滩排球比赛记分表示例(续)

排球比赛简易记分表

比赛队:　　　　性别(男、女)　　　　日期:　　　　地点:

比赛成绩:　　　　胜队:　　　　裁判员签字:　　　　记录员签字:

第一局

发球轮次	场上位置 队	场上位置 队	发球轮次

比　分

1	1	21	21
2	2	22	22
3	3	23	23
4	4	24	24
5	5	25	25
6	6	26	26
7	7	27	27
8	8	28	28
9	9	29	29
10	10	30	30
11	11		
12	12		
13	13		
14	14		
15	15		
16	16		
17	17		
18	18		
19	19		
20	20		

暂　停

第二局

发球轮次	场上位置 队	场上位置 队	发球轮次

比　分

1	1	21	21
2	2	22	22
3	3	23	23
4	4	24	24
5	5	25	25
6	6	26	26
7	7	27	27
8	8	28	28
9	9	29	29
10	10	30	30
11	11		
12	12		
13	13		
14	14		
15	15		
16	16		
17	17		
18	18		
19	19		
20	20		

暂　停

第三局

发球轮次	场上位置 队	场上位置 队	发球轮次

比　分

1	1	21	21
2	2	22	22
3	3	23	23
4	4	24	24
5	5	25	25
6	6	26	26
7	7	27	27
8	8	28	28
9	9	29	29
10	10	30	30
11	11		
12	12		
13	13		
14	14		
15	15		
16	16		
17	17		
18	18		
19	19		
20	20		

暂　停

队长签字:

图 2－9　排球比赛简易记分表示例

第三节 做好排球竞赛的管理工作

一、排球竞赛场地与器材的准备

排球场地和器材是排球竞赛的重要设备，必须保证竞赛所需的数量和竞赛所要求的质量。凡举行重大的正式排球比赛，必须按照竞赛规则的要求，做好场地、器材的准备与检查工作。如果是室外场地，还应充分考虑气温、风、雨等天气条件的影响，做好应急预案。包括球网、网柱、标志杆及比赛用球等在内的所有器材，均应准备一定数量的备用品，以便在发生器材损坏时及时更换，确保比赛顺利进行。

二、排球竞赛工作中的管理和教育

排球竞赛是一种社会活动，任何社会活动都是由人参与进行的，离开了对人的管理和教育，就难以营造良好的竞赛环境、竞赛秩序，也难以取得较好的竞赛效益。

竞赛应为训练和培养后备力量并推动群众体育活动的开展服务。为达到这一目的，竞赛开始前，应对所有参加竞赛的人员进行有关竞赛宗旨的教育，并提出必须遵守的各项规定。例如，对于运动员来说，应要求其遵守竞赛规程和竞赛规则的相关规定，教育运动员尊重对手、尊重裁判、尊重观众，文明参赛，并可设立精神文明奖和公平竞赛奖进行鼓励。

三、世界排球主要赛事及竞赛方法

（一）奥运会排球赛

奥运会排球赛始于 1964 年第 18 届奥运会，是世界最高水平的排球赛事之一，每 4 年举行 1 次。参赛队伍为男、女各 12 个队，具体产生办法是：主办国 1 个队；上届世界杯赛前 3 名的 3 个队；五大洲奥运会预选赛产生的 5 个队；国际排联在奥运会前直辖举行的奥运落选赛上产生的 3 个队。

奥运会排球赛一般采用先分组进行单循环赛，小组名次列前的球队再采用交叉淘汰的方法进行比赛。但也会根据场地、时间等情况而有所变动，每次比赛的具体竞赛方法由国际排联事先研究决定。

（二）世界排球锦标赛

世界排球锦标赛始于 1949 年，是由国际排联主办的历史最长、规模最大、水平最高的世界性排球比赛，每 4 年举行 1 届。目前，参赛队已经增至男、女各 24 个队，具体分配办法是：举办国 1 个队；上一届冠军 1 个队；五大洲预选赛共 22 个队（男子：非洲 2 个队，亚洲 5 个队，中、北美洲及加勒比地区 4 个队，南美洲 2 个队，欧洲 9 个队。女子：非洲 3 个队，亚洲 4 个队，中、北美洲及加勒比地区 6 个队，南美洲 2 个队，欧洲 7 个队）。

世界排球锦标赛的比赛分第1轮(First Round)、第2轮(Second Round)、1/4决赛(Quarterfinals)、半决赛(Semifinals)和决赛(Finals)5个阶段进行。在第1轮比赛中,24支球队被分成6个小组进行单循环比赛,每个小组的前两名加上成绩最好的4个第3名晋级第2轮比赛,其中6个小组第4名并列比赛的第19名,被淘汰的两个小组第3名并列比赛的第17名。晋级第2轮的16支球队被分成4个小组再进行单循环比赛,各组前两名进入1/4决赛,各组第3、第4名被淘汰,4个被淘汰的第4名并列比赛的第13名,4个被淘汰的第3名并列比赛的第9名。此后,8支从第二轮比赛中脱颖而出的球队将通过1/4决赛、半决赛和决赛这3轮淘汰赛决定1~8名的最终名次。

这种新的竞赛方法,使世界排球锦标赛的竞赛比以往更加激烈。

(三) 世界杯排球赛

世界杯排球赛始于1965年,是世界上最高水平的排球赛事之一,每4年举办1次。自从1991年被改为在奥运会的前一年举行后,世界杯排球赛相当于奥运会排球比赛的资格赛,获得前3名的队伍有资格直接进入奥运会。参赛队为男、女各12个队,具体产生办法是:举办国1个队;五大洲锦标赛冠军队5个队;五大洲锦标赛亚军队5个队;世界锦标赛冠军1个队。

世界杯排球赛采用单循环制进行,按最后积分排定名次。

四、世界沙滩排球主要赛事及竞赛方法

(一) 奥运会沙滩排球比赛

奥运会沙滩排球比赛始于1996年第26届奥运会,是世界最高水平的沙滩排球比赛,每4年举行1次。参赛队伍和运动员数量:男女各24个队,共96名男女运动员。参赛资格:① 主办国男、女各1个队;② 除主办国外,奥运积分赛积分排名靠前的男女各23个队获得奥运会参赛资格,但每个国家不得超过2个队。

奥运会沙滩排球赛采用循环赛和淘汰赛相结合的混合制方式。第一阶段为小组单循环赛,24支球队分为6个小组,进行单循环比赛。小组比赛结束后,各小组积分列前的16支队伍进入第二阶段比赛。第二阶段比赛采用单淘汰比赛,直至决出最后名次。

(二) 世界沙滩排球锦标赛

世界沙滩排球锦标赛始于1987年,每两年举行1次。世界沙滩排球锦标赛分“国家配额赛”(Country Quota Play - off matches)、“资格赛”(Qualification Tournament)、“正选赛”(Main Draw Tournament)3个阶段进行比赛。

世界沙滩排球锦标赛的“国家配额赛”和“资格赛”阶段采用单败淘汰赛赛制,“正选赛”阶段采用双败淘汰赛赛制。

(三) 世界沙滩排球巡回赛

世界沙滩排球巡回赛,原称世界沙滩排球系列大奖赛,始于1989年,1997年改名为沙滩

排球巡回赛,每年举行若干站比赛。世界沙滩排球巡回赛也分“国家配额赛”、“资格赛”、“正选赛”3个阶段进行比赛。

世界沙滩排球巡回赛的“国家配额赛”和“资格赛”也采用单败淘汰赛赛制,“正选赛”阶段采用双败淘汰赛赛制。全年的巡回赛比赛后,按各站的总积分进行年度世界排名,达到规定积分数可以直接参加下一年度的正选赛,不必参加资格赛。

第三章　排球竞赛规程

排球竞赛规程是排球竞赛的指导性文件，它规定了每个队参加排球竞赛的条件及程序，规定了竞赛的规则及办法，是组织比赛、参加比赛和裁判员进行工作的具体依据。排球竞赛规程可依据有关竞赛计划，结合竞赛目的、任务、规模和主办单位的具体条件制定。一般由主办单位指定专人负责起草，经有关人员讨论修改后，送赛事组织委员会审批确定。经审批后的竞赛规程，就是此次比赛的重要法律文件，具有高度的权威性和指导性，是竞赛组织者和参加者都必须遵循的法规，任何单位和个人均无权修改，对规程的最终解释权属主办单位。

第一节　制定排球竞赛规程的依据和原则

一、制定排球竞赛规程的依据

(一) 以排球竞赛计划为依据

排球竞赛规程应依据省、市排球协会，或单位、学校的竞赛计划来制定。排球竞赛规程是年度或学期体育竞赛计划中，安排实施某一次排球竞赛活动的具体法规。其内容可根据竞赛计划的目标和任务，结合排球运动的推广、普及和发展的需要，进行适当修正与补充。

(二) 以排球竞赛目标和任务为依据

排球竞赛规程应符合排球运动发展的长远规划和战略目标，体现出有利于排球运动技战术水平的发展，有利于排球竞技体育后备人才的培养，有利于排球运动的普及和推广，有利于全民健身活动的开展。同时排球竞赛规程还应根据有关单位的相关规定，以及排球比赛的需求，全面考虑排球竞赛的目的和任务。

(三) 以客观实际条件为依据

排球竞赛规程应依据国内外排球运动发展趋势和社会对排球竞赛的需求状况，结合举办排球比赛的经费条件、场地设施和人员等实际情况进行制定。

二、制定排球竞赛规程的原则

为保证排球竞赛的质量，确保排球竞赛规程的有效实施，制定排球竞赛规程应按照一定的规律，遵循一定的原则，使排球竞赛规程制定得更加科学、合理、有效。

(一) 可行性原则

排球竞赛规程是组织和参加竞赛的依据，竞赛规程所提出的比赛方案和内容，必须从实际出发，做到切实可行。在制定排球竞赛规程时，应综合考虑人力、物力、财力、场地、器材和时间等因素，充分考虑不同年龄组的参加办法、竞赛办法和奖励办法，比赛的分组应根据运动员不同年龄段的特点和运动队的实际水平而有所区别，实施对排球比赛过程最优化的设计和组合。

（二）公正性原则

排球竞赛规程是比赛参加者须共同遵守和执行的法规，其内容应使全体参加者在客观条件相同的前提下展开公平竞赛，使每支队伍均享有争夺优胜的机遇和同等条件，体现出一视同仁、机会均等的公平竞技理念。只有竞赛规程的公正，才能实现竞赛过程的优胜劣汰，才能得到社会的认可，才能促进排球运动的健康发展。

（三）合理性原则

合理性原则是指排球竞赛规程的内容要客观、适度、合乎理性。排球竞赛规程的制定从竞赛组织、竞赛编排、竞赛形式和竞赛方法等方面都应尽量体现客观合理，有利于运动员发挥排球技战术水平，提高运动成绩，达到“更快、更高、更强”的目的，这是保证排球竞赛活动顺利进行的重要一环。

除此之外，制定竞赛规程要详尽完整，语言表达简洁准确，条理分明，逻辑清晰，切忌表达含糊，自相矛盾。

第二节　制定排球竞赛规程的内容

排球竞赛规程的内容和方法是根据排球竞赛的目标、目的和性质而设定的，主要包括以下几方面：

（一）竞赛的名称

根据比赛的性质确定比赛名称，名称要显示是哪一年（或第几届）的比赛，明确是什么性质的比赛。例如：2008 年北京市青少年排球锦标赛；北京市第 9 届“振兴中华杯”排球联赛。在赛会期间的文件、会标及宣传材料等方面的名称要统一。

（二）竞赛的目的和任务

根据举行本次排球比赛的总目标，简要说明此次比赛的目的和任务。如进一步贯彻落实全民健身计划，增强学生整体素质；推动排球运动的普及，提高排球运动水平；总结交流排球教学训练工作经验，增进团结和友谊等。

（三）竞赛的时间、地点和举办单位（或承办单位）

竞赛时间应写明比赛开始和结束的年、月、日，举行排球比赛的地点和举办比赛的单位（包括主办、协办和承办单位）。

（四）参赛办法

（1）明确规定报名截止时间及参赛运动员的资格或标准，包括运动等级、运动成绩、年龄、性别、健康状况和参赛资格等。

(2) 规定每队运动员的参赛人数及领队、教练、医生和工作人员人数。

(3) 规定报到的日期和具体地点,以及往返车旅费和食宿费用的负担办法等。报名后,对运动员的调整、替换等的办法和截止日期也应作出规定。

(五) 竞赛办法

(1) 确定比赛所采取的竞赛方法,如循环法、淘汰法、混合法及其他特殊的竞赛方法。确定比赛是否分阶段进行,各阶段采用的竞赛方法是否相同,各阶段比赛的成绩如何计算和衔接等。

(2) 具体竞赛的编排原则和方法。

(3) 确定决定名次及计分的办法。

(4) 对运动队违反规定的处罚方法。

(5) 规定比赛使用的器材(如比赛用球的品牌等)、运动员比赛服装(如颜色、套数、号码等)。

(6) 明确抽签的日期和地点等。

(六) 竞赛规则

提出本次比赛所采用的竞赛规则及竞赛规则以外的规定或说明。

(七) 录取名次与奖励

(1) 规定竞赛录取的名次,奖励优胜者的名次及办法。例如:对优胜队分别给予奖杯、奖旗、奖状、奖章及奖金奖励等。

(2) 设置体育道德风尚奖的奖励办法等。

(3) 设置技术奖时,规定技术奖的奖励内容、奖励名额、评选办法及奖励办法等。

(八) 报名和报到

(1) 规定运动队报名及截止日期,运动队书面报名的格式、份数,报名表投寄的地点、单位,以及违反报名规定的处理办法。

(2) 确定运动队、裁判员等报到的日期、地点、单位,以及比赛地点;注明报到时应携带的材料或物品,以及违反报到规定的处理办法。

(九) 裁判委员会与仲裁委员会

(1) 确定裁判长、裁判员的选派办法、名额分配及对裁判员的资格或等级要求,对裁判员赛前准备工作提出要求。

(2) 确定仲裁委员会的组成。

(十) 注意事项或未尽事宜

必要时竞赛规程中可注明赛区食宿条件、标准、交通费开支办法等。如有未尽事宜,由组委会随时修订补充,在正式开赛之前以《补充规定》的形式下达各参赛单位。

(十一) 规程解释权的归属单位

规程要留有余地,解释权属于组织委员会。

第三节　排球竞赛规程示例

示例一

2008年中国大学生排球联赛竞赛规程

一、联赛名称：2008年中国大学生排球联赛

二、批准、主办、协办、承办单位

(1) 批准单位：中国大学生体育协会

(2) 主办单位：中国大学生体育协会排球分会

(3) 协办单位：中体联合体育文化发展有限公司

(4) 承办单位：山东农业大学

三、比赛时间及地点

(1) 比赛时间：2008年10月7日—10月15日

(2) 比赛地点：山东省泰安市山东农业大学

四、参赛院校

(1) 中国大学生体育协会排球分会所属会员单位

(2) 非会员学校可报名参加，但在报名的同时需递交入会申请

五、参赛资格

(1) 运动员必须符合教育部高考规定，经省、自治区、直辖市高考招生部门批准，取得正式学籍的在校专科生、本科生及研究生，并在中国大学生体育协会注册的在校大学生。2008年度招入的新运动员需在中国大学生体育协会注册后方可参加比赛。

(2) 凡入学前曾为省、自治区、直辖市体育局系统及解放军系统所属排球队一、二线专业运动员，在国家体育总局排球运动管理中心注册(含沙排)和报名参加过由国家体育总局排球运动管理中心举办的全国性比赛(室内、沙滩)的大学生不具备参加大学生排球联赛的资格。

六、竞赛办法

1. 报名办法

(1) 每所学校可报男、女各1队，每队可报领队1人、主教练1人、教练1人、医生1人及运动员18人，教练不得兼作运动员。每个队派遣参赛的运动员不得少于10名(含10人)，如果某参赛队运动员少于10名，组委会将给予该队罚款1 000元的处罚。

(2) 报名表：可在www.cuva.cn联赛工作网站上下载参赛报告表。

① 必须在报名表上标明队长和自由防守队员，其方法是在队长的姓名左侧加注英文字母C；在自由防守队员的姓名左侧加注英文字母L。未标明者将视为该队无自由防守队员，不使用自由防守队员的队须在报名表中给予说明。

② 必须有主管校长签名并加盖学校公章和校医院公章。

③ 必须有主教练签名及主教练的联系电话。

(3) 确认参赛名单：赛前联席会议前确定正式参赛的12人名单。

(4) 报名截止日期：请各校于报名截止日期(2008年9月10日)前将本校参加比赛的运动队组成名单及相关材料报中国大学生体育协会排球分会，逾期不予受理。

(5) 报名材料包括以下内容：

① 书面材料(邮寄)。

② 报名表一份，填写内容完整不能漏项，注明服装颜色。

③ 学籍证明，加盖学校公章的招生录取审批表复印件。

④ 身份证复印件。

⑤ 彩色照片。

参赛队伍报名表上的所有人员(含教练、领队)必须提供个人彩色照片(2英寸标准证件照)，照片的背景颜色必须相同，并在照片背后用楷书注明姓名。

同时需交学校及队伍介绍：字数为200～300字，以及一张5英寸的运动队集体照(运动装)。

2. 资格审查

(1) 中国大学生排球赛组委会资格审查委员会收到报名表后，将对报名表进行资格审查，并将审查结果于2008年9月20日前在www.cuva.cn联赛工作网站公告。资格审查将贯穿在联赛的前、中、后过程中，对弄虚作假违反参赛资格的单位将进行严肃的处理。

(2) 所有参赛学校有监督的权力与提供信息的义务。

3. 申 述

(1) 申述时间：2008年9月20日至9月25日。

(2) 若本单位对资格审查委员会的审查结果有异议，则可向资格审查委员会提出申述。申述时必须提供翔实的材料，并缴纳申述费1 000元，胜诉全额退还，败诉不予退还。

(3) 对外单位运动员资格提出异议的单位可向资格审查委员会申述，申述时必须提供翔实的材料，缺乏支持材料不予受理。

(4) 资格审查委员会在接到申述报告5个工作日内将结果通知申述单位。

4. 注册卡、参赛卡

(1) 注册卡和参赛卡是运动队参赛的唯一资格凭证，没有注册卡和参赛卡的运动员不能参加比赛；比赛时，运动队要将注册卡和参赛卡交赛会仲裁处进行核对。参赛卡由联赛组委会资格审查委员会制作，注册卡由教育部学生体育协会联合秘书处注册部审批并发放。未取得注册卡的运动员请在教育部学生体育协会联合秘书处注册部注册。

(2) 注册方法

① 登录教育部学生体育协会网站(www.sports.edu.cn)注册中心进行运动员网上注册，经运动员学籍所在的省、市教育主管部门网上审核通过后，由教育部学生体育协会联合秘书处

审批并发放注册卡。

② 注册时需按要求填写运动员信息、注册年限,上传运动员照片、身份证、学生证等。

5. 报 到

各参赛队按赛程报到时间要求到赛区报到,需提前到达的参赛队应与赛区联系接待事宜,费用自理。

6. 竞赛规则

采用中国排球协会最新审定的《排球竞赛规则》。

7. 指定用球

中国大学生排球联赛指定用球——STAR(世达)牌排球。

8. 比赛服装

各队运动员必须备颜色统一的比赛服两套以上(深、浅各一套)和统一颜色的比赛鞋、袜,上衣前后必须严格按规则规定的尺寸制作明显的号码和队长标志(号码必须在身前和身后的中间位置,并与上衣的颜色明显不同。身前号码高度至少 15 cm,身后号码高度至少 20 cm,号码笔画宽度至少 2 cm。队长标志位于上衣胸前号码下,颜色与上衣不同,长为 8 cm,宽为 2 cm)。比赛时,各队领队、教练员、医生必须穿着统一服装参加比赛。

9. 比赛办法

(1) 比赛先进行分组单循环比赛,然后进行交叉赛直至决出全部名次。

(2) 比赛经费:各参赛单位编制内人员(运动员 12 人,教练 2 人,领队 1 人,医生 1 人)每人每天交纳食宿费 80 元人民币(中国大学生体育协会最新赛事标准),超编人员食宿费自理。

(3) 录取办法:录取前 6 名,按名次颁发奖杯。

10. 决定名次办法

(1) 胜一场得 2 分,负一场得 1 分,弃权取消全部比赛成绩,积分多者名次列前。

(2) 若积分相等,则计算两队比赛的总胜负分比值 $Z=X$(总得分数)$\div Y$(总失分数),Z 值高者名次列前。

(3) Z 值相等,则计算两队比赛的总胜负局比值 $C=A$(总胜局数)$\div B$(总负局数),C 值高者名次列前。

(4) 如 C 值仍相等,则以两队最后一场比赛成绩判定,胜队名次列前。

11. 裁判员、技术代表选派

裁判员、技术代表由联赛组委会选派,辅助裁判员由承办单位选派,所选人员需经联赛竞赛委员会批准。裁判员、技术代表的交通费、食宿费、劳务费由承办学校在竞赛包干费中支出,标准见联赛技术手册。

12. 保 险

各参赛单位编制内人员都必须在当地保险公司办理“人身意外伤害保险”(含往返赛区途中及比赛期间),各单位报到时,须向组委会交验保险单据。未办理保险的单位,须在赛区当地保险公司办理保险,否则不能参加比赛。

13. 校 旗

为了更好地宣传大学生排球联赛和各参赛学校,联赛组委会要求各参赛队制作统一的校旗。校旗制作只要求尺寸为 3 m×2 m,不要求统一图案、文字、颜色材料,各学校自行设计。

七、联赛工作网站

www.cuva.cn 为大学生排球联赛工作网站,包含联赛的相关信息、通知、成绩、新闻、论坛等方面的内容,望各参赛单位将本学校的介绍和队伍情况发布在相应的位置,及时查看并充实更新相关内容。

八、处 罚

(1) 对弄虚作假违反参赛资格的单位,一经查实立即取消其比赛资格,并取消已获得的名次,书面通知所在学校主管领导,并处罚该单位停赛 1 年。

(2) 对发生罢赛的单位书面通知所在学校主管领导,并处罚该单位停赛 1 年。

(3) 对比赛中出现的违纪行为,按中国大学生竞赛管理条例进行处罚。

九、未尽事宜,另行通知。

十、本规程解释权属中国大学生排球赛组委会。

示例二

首都体育学院 2008 年排球比赛竞赛规程

一、竞赛目的和任务

为进一步推动我院排球运动的普及,促进排球技战术水平的提高,不断增强学生体质,丰富学生的课余文化生活,学院团委和排球教研室将共同举办“首都体育学院 2008 年排球比赛”。

二、主办单位

学院团委,排球教研室

三、组委会

主任:院党委副书记

成员:团委书记及各系主任

四、仲裁委员会

排球教研室教师

五、比赛时间

2008 年 4 月 21 日—4 月 30 日

六、比赛地点

学院排球馆

七、运动员资格

身体健康的在校学生

八、参加办法

各系限报男、女队各1队,每队领队1名(辅导员),教练员1名,运动员12名。

九、报名日期

2008年4月7日下午16:30,各系队长以电子文本形式将参赛队员、领队、教练员名单报至院团委;4月10日下午17:00,各系参赛队长在排球教研室进行抽签分组。

十、竞赛办法

按抽签顺序采用单循环比赛的方法,决出最终比赛名次。

十一、计分和决定名次

(1) 胜一场得2分,负一场得1分,弃权比赛计0分,积分多者名次列前。

(2) 如遇两队或两队以上积分相等,则采用下列办法决定名次:

X(总得分数)÷ Y(总失分数)= Z 值,Z 值高者名次列前。

如果 Z 值仍然相等,则采用下列办法决定名次:

A(胜局总数)÷ B(负局总数)= C 值,C 值高者名次列前。

十二、竞赛规则

按照最新的《排球竞赛规则》进行比赛。

十三、比赛服装

各系队应备浅、深两套有明显颜色区别的服装,服装前后均印有明显号码。

十四、裁判员

由排球教研室安排排球俱乐部有裁判经验的学生担任裁判员,全体裁判员于4月11日下午16:30在排球教研室集中学习。

十五、录取名次和奖励

学生男、女队各录取前3名进行奖励。

十六、未尽事宜,另行通知。

第四章　排球竞赛方法

排球竞赛方法是根据排球赛事的目标、任务和要求，结合排球规则和项目的特点，使参加比赛的队能够在公平、合理的条件下进行竞争的比赛方法。选择合理、适当的竞赛方法是促进排球运动技战术水平不断提高的前提条件，也是客观反映参赛队竞技水平的重要保证。在各类排球比赛中，排球比赛常用的竞赛方法有：循环法、淘汰法以及将淘汰法和循环法混合使用的混合法 3 种。竞赛组织者可根据竞赛任务、性质、规模，以及人力、物力、财力等条件，结合竞赛时间的长短、参赛队数的多少和场地设备条件来确定选择哪种竞赛方法。

第一节　循环法

循环法又称循环制，是使参加比赛的队，在整个竞赛中或在同一组的竞赛中，都能够相遇的比赛，根据各队在比赛中的胜负场数，按一定的计分办法排列名次。所有参赛队都能够相遇，比赛一场的为单循环；所有参赛队都能够相遇，比赛两场的为双循环；所有参赛队都能够相遇，比赛两场以上的为多循环。在参赛队较多而竞赛时间有限的情况下，往往把参赛队分成若干小组，分别进行单循环。这就是从单循环衍生出来的分组循环比赛。

一、单循环法

（一）单循环竞赛方法

单循环是排球比赛中运用较广泛的一种竞赛方法。参赛队为 4～8 队时采用最为适宜，在混合法比赛的第一、二阶段也常用单循环法。目前，在各种类型的国内外排球比赛中，主要采用此种方法。

（二）单循环赛的编排方法

单循环是各参赛队在整个竞赛中彼此相遇一次，一般是在参赛队不多、比赛时间充足时采用。

1. 轮次和场数的计算

（1）比赛轮次　在循环赛中，各队都参加完一场比赛即为一轮。

参赛队数为双数时，比赛轮次＝队数－1，例如 6 个队参加比赛，则比赛轮次为 5 轮。

参赛队数为单数时，因为每轮均有一支球队轮空，所以比赛轮次等于队数。例如，5 支队参加比赛，则比赛轮次为 5 轮。

(2) 比赛场数　单循环比赛的场数可用下面的公式进行计算：

$$比赛场数=\frac{队数\times(队数-1)}{2}$$

例如，6 支队参加比赛的比赛场数$=\frac{6\times(6-1)}{2}=15$场；

7 支队参加比赛的比赛场数$=\frac{7\times(7-1)}{2}=21$场。

2. 编排方法

单循环赛顺序的确定，一般采用轮转法，排球比赛通常采用“逆时针轮转法”和“贝格尔编排法”两种方法。

(1) 逆时针轮转法

首先，要把参赛的运动队用编号排出顺序。这个顺序可按上届比赛名次排列，也可用抽签法排列。其次，将比赛队按编号平均分为左右两列，左列按编号依次由上往下排，右列按编号依次由下往上排，然后将左右两列相对的编号用横线联结起来，这就是第一轮比赛相遇的队。

如果参赛运动队为双数，从第二轮起 1 号位置固定不动，其余编号按逆时针方向轮转一个位置，再用横线将相对编号联结即可，以此类推排出各轮次的比赛顺序。例如，8 支队参加的单循环比赛，可编排顺序如表 4－1 所列。

表 4－1　8 支队参加的单循环赛的顺序编排表

第一轮	第二轮	第三轮	第四轮	第五轮	第六轮	第七轮
1—8	1—7	1—6	1—5	1—4	1—3	1—2
2—7	8—6	7—5	6—4	5—3	4—2	3—8
3—6	2—5	8—4	7—3	6—2	5—8	4—7
4—5	3—4	2—3	8—2	7—8	6—7	5—6

如果参赛运动队为单数，可采用 0 号排在最后一位的补位法，或采用 0 号排在第一位的占位法。在轮转时遇到 0 号位的队即为轮空队。从第二轮起，1 号位（补位法）或 0 号位（占位法）固定不动，其余编号按逆时针方向轮转一个位置，即可排出下一轮比赛的顺序。例如，5 支队参加的单循环比赛，可用下列办法编排顺序：

① 用 0 号补位法

第一轮	第二轮	第三轮	第四轮	第五轮
1—0	1—5	1—4	1—3	1—2
2—5	0—4	5—3	4—2	3—0
3—4	2—3	0—2	5—0	4—5

② 用 0 号占位法

第一轮	第二轮	第三轮	第四轮	第五轮
0—5	0—4	0—3	0—2	0—1
1—4	5—3	4—2	3—1	2—5
2—3	1—2	5—1	4—5	3—4

确定采用补位法或占位法的依据在于各队编号是如何确定的。如果按前一届比赛名次顺序确定编号，则应选择补位法，以保证前一届冠军队在第一轮轮空，前一届冠亚军的比赛安排在最后一轮，使比赛更加精彩激烈。如果按抽签结果确定编号，则采用补位法或占位法均可。

逆时针轮转法是我国以前常用的一种编排方法，基层排球竞赛中采用得比较广泛。该编排方法的优点是参赛各队进度一致，编排方法简单，易操作，易检查；缺点是当参赛队为奇数且达到 5 支球队以上时，抽签为倒数第二数字的球队从第四轮开始每轮均同前一轮轮空的队伍进行比赛(见表 4-2)，即表中数字 6 代表的队伍，由此产生了竞赛中的不公平现象。为了解决这一问题，比较正式的排球比赛一般采用国际上通用的贝格尔编排法。

表 4-2　有 7 支队参加比赛的逆时针轮转法编排表

第一轮	第二轮	第三轮	第四轮	第五轮	第六轮	第七轮
1—0	1—7	1—6	1—5	1—4	1—3	1—2
2—7	0—6	7—5	6—4	5—3	4—2	3—0
3—6	2—5	0—4	7—3	6—2	5—0	4—7
4—5	3—4	2—3	0—2	7—0	6—7	5—6

(2) 贝格尔编排法(BEIGER arrangement)

从 1985 年起，世界性排球比赛多采用贝格尔编排法，我国目前的正式排球比赛也多采用此种方法进行编排。其优点是：单数队参赛时，可避免第二轮的轮空队从第四轮起每场都与前一轮的轮空队进行比赛的不合理现象。贝格尔编排法的第一轮与逆时针轮转法相同，从第二轮开始则大相径庭，分三步编排。第一步，最大数字(或参赛队为奇数队时的 0)左右规则移动摆放在第一行的左或右边位置上，如第一轮该数位于右边，第二轮则摆动到左边，第三轮又移动到右边，如此反复；第二步，将上一轮右下角数字提到该轮第一行与最大数字(或 0)相对应；第三步，将其他数字依次同上一轮右下角提到第一行的这个数字的前后顺序关系按逆时针转动，排入各自相应位置。例如，有 7 或 8 个队参加的比赛，比赛采用贝格尔编排法如表 4-3、表 4-4 所列。

3. 单循环赛日程的编排

竞赛日程的编排是排球竞赛的重要工作之一。编排单循环赛日程时，要根据参赛队数量及竞赛规程的规定，计算比赛所需的场地数量和时间，合理安排运动队的比赛强度，排定比赛顺序和轮次,并确定解决编排中的有关矛盾的基本方法,设计出完整的编排方案。编排方案确定后,可召开有关会议,公布编排方案、编排原则和竞赛日程安排。如果需要用抽签法排列各队序号,则应备好与参赛队数相等的签号,组织各领队或有关代表抽签。按抽签结果将各队队名填写到各轮次表的相应位置中,再注明比赛日期、时间、场地、各队服装颜色等,即排出了竞赛日程表。

表 4-3 7支队参加比赛的贝格尔编排表

第一轮	第二轮	第三轮	第四轮	第五轮	第六轮	第七轮
1—0	0—5	2—0	0—6	3—0	0—7	4—0
2—7	6—4	3—1	7—5	4—2	1—6	5—3
3—6	7—3	4—7	1—4	5—1	2—5	6—2
4—5	1—2	5—6	2—3	6—7	3—4	7—1

表 4-4 8支队参加比赛的贝格尔编排表

第一轮	第二轮	第三轮	第四轮	第五轮	第六轮	第七轮
1—8	8—5	2—8	8—6	3—8	8—7	4—8
2—7	6—4	3—1	7—5	4—2	1—6	5—3
3—6	7—3	4—7	1—4	5—1	2—5	6—2
4—5	1—2	5—6	2—3	6—7	3—4	7—1

4. 单循环赛编排的平衡问题

在单循环竞赛日程表的编排过程中,应当充分考虑编排的平衡,坚持机会均等的原则,平等地对待参赛各队。要尽量使各队在比赛时间、场地、服装颜色的连续穿用等竞赛条件的安排上相对合理。例如,不要使某个队,总在一块场地、一个时段进行比赛,应有适当的轮换。如果在初步编排时,出现对某队不利的局面,可在同一轮次内对相关情况进行调整。

在编排过程中,为了做到心中有数,使编排公平合理,避免大的返工,可酌情采用"循环赛编排平衡表"进行均衡调整(见表 4-5)。

表 4-5 循环赛编排平衡表

队 名	比赛场序	比赛轮次	比赛日期	比赛时间	比赛场地		比赛队		服装颜色
					1号	2号	主队	客队	
A队									
B队									
C队									
D队									

二、双循环法

(一) 双循环竞赛方法

当参赛队不多，竞赛时间又充裕，各队都希望能多打比赛，通过比赛来锻炼队伍，提高整体作战能力，或通过高水平的比赛来宣传排球运动，扩大影响时，采用双循环法比较适宜。目前，在全国甲级排球联赛的主客场制比赛中就采用此种方法。

(二) 双循环赛的编排方法

双循环是各参赛队相遇两次的比赛方法，多在参赛队较少、为了增加各队相互交流和锻炼的机会时采用。它比单循环比赛的总场数增加一倍。

双循环赛的编排与单循环相同，一般是赛完第一循环后，再赛第二循环(见表 4－6)，最后计算总分。

表 4－6　7 支队参加双循环赛轮次安排表

循环轮次	第一轮	第二轮	第三轮	第四轮	第五轮	第六轮	第七轮
第一循环	1—0	1—7	1—6	1—5	1—4	1—3	1—2
	2—7	0—6	7—5	6—4	5—3	4—2	3—0
	3—6	2—5	0—4	7—3	6—2	5—0	4—7
	4—5	3—4	2—3	0—2	7—0	6—7	5—6
第二循环	1—0	1—7	1—6	1—5	1—4	1—3	1—2
	2—7	0—6	7—5	6—4	5—3	4—2	3—0
	3—6	2—5	0—4	7—3	6—2	5—0	4—7
	4—5	3—4	2—3	0—2	7—0	6—7	5—6

双循环轮次表的排法与单循环相同，只要排出第一循环，第二循环可按第一循环顺序重复一次，也可重新抽签另排位置。第二循环的比赛如何进行，应在竞赛规程中明确规定。双循环的轮次与场次，均为单循环的一倍。

三、分组循环法

(一) 分组循环竞赛方法

由于参赛队较多，采用单循环比赛占用时间太长，可采取分组循环来组织比赛。分组循环赛一般都有 2～3 个阶段的赛程。在第一阶段可按各队实力或以往比赛的名次将各队均匀地分成若干小组，分别进行单循环赛。在小组排定名次后，再以同名次的队合为几个小组，进行第二阶段的比赛。第二阶段比赛可采用第一阶段相遇的队不再进行比赛的办法来缩短竞赛时间。

(二) 分组循环赛的编排方法

当参加比赛的队较多而竞赛时间较短时,为了比较合理地确定名次,可采用分组循环的比赛方法。首先,将参赛队平均分成若干个小组,在各小组内进行单循环比赛;然后,根据需要结合实际情况,再将各组的优胜队或同名次队进行单循环比赛,排出最后名次。

确定分组后,要根据竞赛日期和场地条件,将比赛分为两个阶段(预赛、决赛)或三个阶段(预赛、复赛、决赛)进行。在采用分组循环赛的竞赛规程中,必须明确规定竞赛分组、分阶段的比赛办法,以及录取小组名次和总名次办法,使参赛者和组织者都能事先了解比赛的编排方法。

1. 种子定位的分组方法

根据前一届比赛成绩或选择实际技战术水平较高的队伍作为“种子”,将种子队按水平排列出序号,前一届冠军序号为1,亚军序号为2,以此类推,序号越小水平越高。然后合理地采用蛇行编排法将各队分配到各小组中。只要保证各组的序号数之和相等,就从理论上说明各组之间的总体技术水平相当,比赛编排相对合理。如16个队分为4组(见表4-7),8个队分为2组(见表4-8)。

表4-7 16支队进行分组循环时的分组情况表

组 别	运动队序号			
一	1	8	9	16
二	2	7	10	15
三	3	6	11	14
四	4	5	12	13

表4-8 8支队进行分组循环时的分组情况表

组 别	运动队序号			
一	1	4	5	8
二	2	3	6	7

2. 抽签定位的分组方法

如果是初次举行排球比赛,没有参赛队的历史成绩,或因运动队不稳定,人员流动性大,也可采用抽签定位的方法确定分组,其程序如下:

(1) 确定采用一次性抽签还是两次性抽签的方法。所谓一次性抽签,就是用一次抽签决定每个队所在组别及组内的顺序号。所谓两次性抽签,就是第一次抽签决定组别,第二次抽签决定组内的顺序号。

(2) 制作签号。根据分组的组数和每组的队数制作相应的签号。将写有各队队名的队名签分别放入封闭的容器内。

(3) 确定主抽人、监抽人、记录员等参加抽签的工作人员,并确认各队参加抽签人的代表资格。

(4) 组织抽签实习。按抽签程序组织有关工作人员提前进行操作实习。发现问题要及时解决,以免正式抽签时出现漏洞。

(5) 主持并监督抽签。种子队先抽签确定组别,若种子队数与分组数相同,则将各种子队分别抽入。若种子队数是分组数的倍数,则可采用"蛇形排列法",或仍采用抽签方法。种子队的顺序号需一次性抽签决定,则应事先确定它在组内的顺序号位置。

(6) 编印竞赛日程表。根据抽签的结果,将各队队名填入事先编好的轮次表内,再结合比赛日期、时间、场地、服装颜色等情况,编印竞赛日程表。

第二节　淘汰法

淘汰法也称淘汰制。当参赛队多,比赛时间短,不宜采用循环竞赛方法时,可选用单淘汰或双淘汰方法进行比赛。在沙滩排球比赛中,一次比赛经常会有几十支球队报名参加比赛,当比赛需要在3～5天内完成时,往往都采用淘汰法进行比赛。此外,学校中的小排球赛及基层单位的软式排球赛,群众参赛热情高、参赛队多,也常采用淘汰法进行比赛。

一、单淘汰竞赛方法

单淘汰最大的特点在于它的简单易行。失败者即被淘汰,获胜者参加下一轮比赛,这样直到最后一场比赛——冠军争夺赛。单淘汰赛制适用于那些参赛队伍多、比赛时间短、比赛场地少的赛事。相对于其他赛制而言,这种赛制需要的比赛场次最少,第一轮比赛过后,有一半的参赛队将被淘汰出局,第二轮比赛后则只剩下了四分之一的参赛队。在比赛场地和时间很充足的情况下,这种赛制是不可取的。

单淘汰制的基本比赛方法是:将所有参加比赛的运动队,按一定的规律编排好比赛秩序,由相邻的两个运动队之间进行比赛,负队被淘汰,胜队进入下一轮,直到最后一轮的胜者为冠军,负者为亚军(见表4-9)。

通常,单淘汰赛只排出冠亚军名次,第3和第4名并列第3名,第5～8名并列第5名。若比赛需要排出前6名或前8名的全部名次,则可在前8名比赛中增加附加赛(见表4-10)。进入前8名的运动队,比赛一轮后,4支胜队进入前4名,4支负队进入第5～8名。前4名再比赛一轮的胜队进入决赛,负队增加一场附加赛争夺第3名。第5～8名的比赛都为附加赛,两支胜队决第5、6名,负队决第7、8名。如果只取前6名,则最后一场决第7、8名的比赛不再进行。

表 4-9 单淘汰比赛对阵表

1
2
3
4
亚军 冠军
5
6
7
8

表 4-10 单淘汰附加赛表

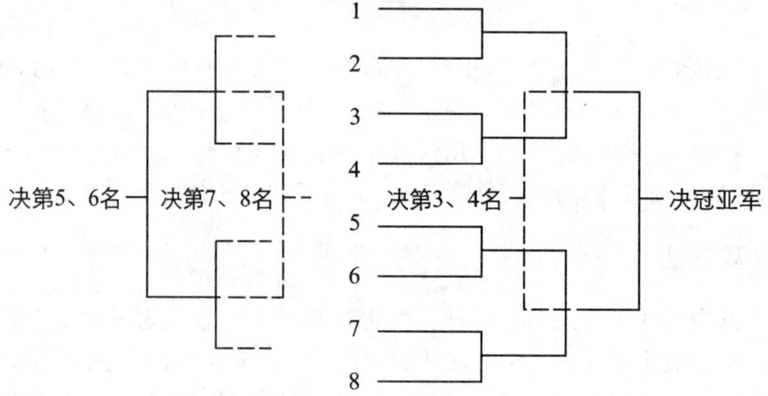

二、双淘汰竞赛方法

双淘汰法与单淘汰法相比有两个优势。第一，对于一支实力较强的参赛队来说，如果第一场比赛表现不好或在抽签中抽到一个极差的位置，那么在单淘汰法中这支球队将很快被淘汰，而在双淘汰法中这支球队还有在比赛中重新出线的机会。第二，使用单淘汰法使半数的球队只有参加一场比赛的机会，而双淘汰法则保证每支参赛队至少参加两场比赛。不过双淘汰法也有缺点，双淘汰法最大的困难是需要准备较多的比赛场地。

当比赛场地和比赛时间比较充裕、最后的排名十分重要，且希望所有的参赛队参加两场以上比赛时，双淘汰法就能充分显示出优势。

双淘汰法的比赛，第一轮秩序表的编排与单淘汰制相同。参加比赛的运动队，按编排的秩序表由相邻的两支球队进行比赛，胜队进入下一轮角逐，负队与相邻的负队之间进行比赛。两场比赛都失败即被淘汰，在全部比赛中仅负一场的队为亚军，全胜的队为冠军（见表 4－11）。

表 4－11　双淘汰比赛秩序表

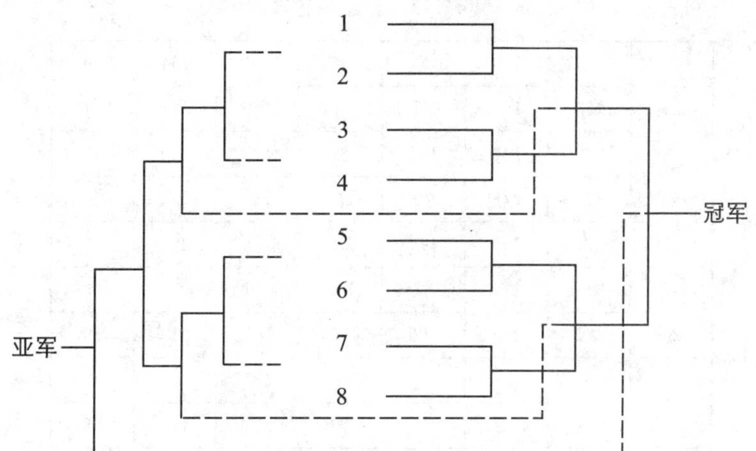

三、淘汰赛的编排方法

作为一种比赛方法，淘汰赛也存在着一些缺陷，即偶然性较大，强队之间很可能在前几轮就遭遇，一场比赛失利即被淘汰，出现名次排列不合理的现象。因此，竞赛的组织者要十分注意淘汰赛的编排工作，在可能的范围内最大限度地保持竞赛的合理性。

（一）淘汰赛号码位置的选择

在淘汰赛中，安排参赛队位置的号码称为号码位置，第一轮的位置号的数目称为号码位置数。淘汰制的号码位置数应当是 2 的 n 次方，即 2^n，如 4、8、16、32、64、128、256…。在竞赛秩序的编排中，要根据参赛运动队的数量，尽量选择合适的号码位置数。

（二）淘汰赛的轮空与抢号

在淘汰制比赛中，从理论上讲，只有参赛队数或人数正好为 2^n，才能保证在每一轮比赛时，都是两支球队进行一场角逐，胜者进入下一轮。但是，在实际比赛中，参赛队数常常不是 2^n，如 7 支队、19 支队等。为了解决这一矛盾，在编排淘汰制的比赛秩序时，仍采用 2^n 作为号码位置数，所选数字应略大于或小于参赛队数。号码位置数与参赛队数的差数，则采用轮空或抢号的办法解决。号码位置数大于参赛队数时，采用轮空，反之则采用抢号。例如有 6 支队或 9 支队参赛，都可选用 8 为号码位置数。6 支队时，第一轮比赛有两支队没有对手，称为轮空；9 支队时，有两支队在第一轮比赛中要“抢”一个号码位置，称为抢号。

1. 淘汰赛轮空位置的确定

在淘汰制比赛中，第一轮没有比赛的运动队称为轮空。第一轮轮空数等于号码位置数减去参赛队数。例如，12 支队参赛，选用 2^4 即 16 作为号码位置数，则第一轮的轮空数为 16－12＝4。

轮空的位置不能随意确定。安排原则通常是种子队先轮空。为了使轮空安排合理，轮空位置均匀分布，一般都使用固定的轮空位置表(见表 4－12)。

表 4－12 轮空位置表

2	255	130	127	66	191	194	63
34	223	162	95	98	159	226	31
18	239	146	111	82	175	210	47
50	207	178	79	114	143	242	15
10	247	138	119	74	183	202	55
42	215	170	87	106	151	234	23
26	231	154	103	90	167	218	39
58	199	186	71	122	135	250	7
6	251	134	123	70	187	198	59
38	219	166	91	102	155	230	27
22	235	150	107	86	171	214	43
54	203	182	75	118	139	246	11
14	243	142	115	78	179	206	51
46	211	174	83	110	147	238	19
30	227	158	99	94	163	222	35
62	195	190	67	126	131	254	3

查表方法：先根据参赛队数，选择合适的号码位置数，再计算出轮空数。然后按轮空数目依次在轮空位置表上摘出小于比赛号码位置数的号码，即为轮空位置号码。

例如：12 支队参加比赛，号码位置数选择 16，经计算第一轮需要 4 支队轮空。查轮空位置表，从第一行开始，逐行由左向右查，依次摘出 4 个小于 16 的号码，应是 2、15、10、7。比赛秩序表中与这 4 个号码相对应的 1、16、9、8 则为轮空队。

2. 淘汰制抢号位置的确定

在淘汰赛的第一轮比赛中，两支球队之间为争夺一个号码位置先进行一场比赛，负者淘汰，胜者占据该号码位置，进入下一轮比赛，这种方法称为抢号。抢号的运动队实际上就是不轮空的运动队。当参赛队数略多于 2^n 时，采用轮空的办法比较麻烦。在这种情况下，可选用最接近参赛队数的 2^n，超出的运动队则安排为抢号，不参加抢号的运动队等于轮空。

$$抢号数＝运动队数－号码位置数$$

抢号位置也是固定的。抢号位置的确定与轮空位置的确定方法相同。需抢号的号码位置同样可用轮空位置表查出。

例如：有 34 支运动队参加淘汰赛，选用 32 个号码位置数，则应有 2 个号码位置进行抢号（34－32＝2）。由轮空位置表自左至右查得两个小于 32 的轮空号码是 2、31，这两个数就为抢号位置号码。这样，在参赛的 34 支队伍中，要有 4 支球队在第一轮比赛中去“抢”这两个号码，胜者即可占据该位置号。

（三）淘汰赛的场数与轮次计算

1. 单淘汰赛场数与轮次的计算方法

单淘汰赛场数的计算如下：

单淘汰赛场数＝参赛队数－1

如 16 支队参赛则比赛场数＝16－1＝15 场。

单淘汰比赛的轮次，等于比赛选用的号码位置数 2^n 的指数 n，即参赛队数为 2^n，则轮次为 n。例如：

2 支参赛队＝2^1＝1 轮

4 支参赛队＝2^2＝2 轮

8 支参赛队＝2^3＝3 轮

16 支参赛队＝2^4＝4 轮

32 支参赛队＝2^5＝5 轮

64 支参赛队＝2^6＝6 轮

如果 8 支队参赛，选用号码位置数为 8，则 8＝2^3，即要赛 3 轮。如果参赛的队数不是 2^n，比赛轮次则按大于队数的 2^n 计算。如 14 支队参赛，则按 16 支队＝2^4 计算，比赛 4 轮。20 支队参赛，则按 32 支队＝2^5 计算，比赛 5 轮。

2. 双淘汰赛场数与轮次的计算方法

双淘汰比赛轮次的计算方法是：假设参赛队数为 2^n，则轮次即为

轮次＝$n\times 2+1$

如 8 支队（2^3）参加双淘汰赛，则比赛轮次为 $3\times 2+1=7$ 轮，即比赛 7 轮。

胜方轮次与单淘汰赛相同，而负方轮次为

负方轮次＝胜方轮次×2－2

双淘汰赛的比赛总场数的计算为

双淘汰赛的比赛总场数＝参赛队数×2－3＋附加赛场数

若没有附加赛，即 $2n-3$（n 代表参赛队数）。如有 8 支队参加双淘汰赛，则比赛场数为 $8\times 2-3=13$ 场，即需进行 13 场比赛。

第三节 混合法

混合法是循环法和淘汰法混合运用的一种竞赛方法。混合法在一定程度上可以集淘汰法和循环法等赛制的长处,既能在短时间内完成比赛任务,又能比较客观地反映参赛运动队的技术水平。

采用混合法比赛,可将比赛分为两个或多个阶段,第一阶段采用分组循环赛,第二阶段采用单淘汰赛,或者先采用淘汰赛后采用循环赛。由于混合法各阶段采用的竞赛方法不同,而各阶段的比赛之间又有着密切的联系,因此,在编排方案的设计和竞赛组织工作中,需要通盘考虑,精心组织。

例如,北京第29届奥运会女排比赛即采用混合法的竞赛方式。比赛分为4个阶段:预赛(分组单循环赛)、四分之一决赛(交叉淘汰赛)、半决赛(交叉淘汰赛)、决赛。

(一)预 赛

根据国际排联竞赛规程进行抽签,决定参赛队伍的预赛分组(见表4-13)。所有参赛队被分为A、B两个小组,每组6支队,采用分组单循环的办法,每队轮流与同组其他5支队分别进行比赛。

表4-13 第29届奥运会女排比赛分组表

组 别	A组			B组		
队名	日本队(A1)	委内瑞拉队(A2)	波兰队(A3)	阿尔及利亚队(B1)	塞尔维亚队(B2)	意大利队(B3)
	古巴队(A4)	中国队(A5)	美国队(A6)	俄罗斯队(B4)	哈萨克斯坦队(B5)	巴西队(B6)

(二)四分之一决赛

预赛结束后,国际排联抽签决定A2/A3—B2/B3的对阵位置,确定四分之一决赛次序。过去四分之一交叉淘汰赛普遍的对阵方法一般是由A1对B4,B1对A4,A2对B3,B2对A3。这种在赛前就确定各组出线队在第二阶段淘汰赛中的号码位置办法,受到人们的质疑,怀疑有的球队为避开较难打的对手时往往会在小组赛中故意输球从而改变自己的出线排位。针对这种情况,国际排联在北京奥运会中采用了新的方案,将出线的A2、A3、B2、B3四支球队由国际排联抽签决定四分之一决赛的对阵位置,以防止可能出现的竞赛矛盾,避免有意让球这种不符合公平竞争原则的事情发生。

预赛获得各小组前4名的队(共8支队)进入四分之一决赛,比赛方式如下:

A1—B4

A2/A3—B2/B3(由国际排联抽签决定)

A4—B1

(三) 半决赛

在四分之一决赛中获胜的 4 支队伍进入半决赛，比赛方式如下：

A1/B4　胜者 —(A2/A3—B2/B3，抽签决定)胜者

(A2/A3—B2/B3，抽签决定)胜者—A4/B1　胜者

(四) 决　赛

在半决赛中获胜的 2 支队伍将进行争夺金牌的比赛。

在半决赛中失败的 2 支队伍将进行争夺铜牌的比赛(见表 4-14)。

表 4-14　第 29 届奥运会女排比赛交叉淘汰赛对阵表

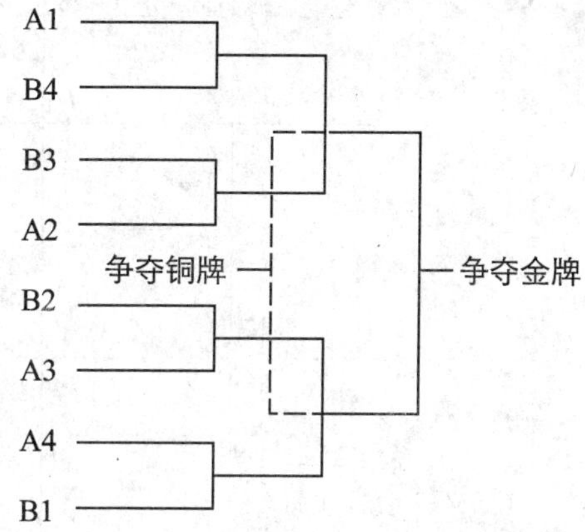

第四节　排球竞赛成绩与名次的确定

在选用循环法进行排球比赛时，国际和国内都是按积分多少来排定名次，即各队胜一场得 2 分，负一场得 1 分，弃权得 0 分，积分多者名次列前。若遇两队或两个以上的队得分相等，则采用以下方法决定名次：

(1) 积分相等计算两队比赛的总胜负分的比值

$$Z=\frac{X\text{（总得分数）}}{Y\text{（总失分数）}}$$

Z 值高者名次列前。

(2) Z 值相等计算两队比赛的总胜负局比值

$$C=\frac{A\text{（总胜局数）}}{B\text{（总负局数）}}$$

C 值高者名次列前(表 4-15)。

表 4－15　排球比赛成绩公告表

成绩 / 队名（行）/ 队名（列）	运动系	体育系	社体系	竞体系	积　分	Z值	C值	名　次
运动系		25　15 15　25 20　25 22　25 $\frac{1:3}{1}$	25　22 25　15 20　25 25　20 $\frac{3:1}{2}$	25　15 25　16 25　17 $\frac{3:0}{2}$	5	$\frac{252}{220}$ 1.15	$\frac{7}{4}$ 1.75	1
体育系	15　25 25　15 25　20 25　22 $\frac{3:1}{2}$		18　25 25　18 22　25 20　25 $\frac{1:3}{1}$	25　12 20　25 25　13 25　10 $\frac{3:1}{2}$	5	$\frac{270}{235}$ 1.15	$\frac{7}{5}$ 1.4	2
社体系	22　25 15　25 25　20 20　25 $\frac{1:3}{1}$	25　18 18　25 25　22 25　20 $\frac{3:1}{2}$		23　25 25　8 23　25 25　8 15　3 $\frac{3:2}{2}$	5	$\frac{286}{249}$ 1.15	$\frac{7}{6}$ 1.17	3
竞体系	15　25 16　25 17　25 $\frac{0:3}{1}$	12　25 25　20 13　25 10　25 $\frac{1:3}{1}$	25　23 8　25 25　23 8　25 3　15 $\frac{2:3}{1}$		3			4

第五章 排球规则的演变与发展

排球竞赛规则是排球比赛必须遵循的法规和法则，规则的存在限定了比赛的性质，决定了比赛的形式，保证了比赛的公正性，并使比赛在相对稳定的条件下进行。制定规则的目的在于使广大排球运动参与者——运动员、教练员、裁判员、观众及评论员了解规则的精神，让运动员更加淋漓尽致地发挥技能，让教练员更加合理地缔造球队和创建战术，令比赛更加精彩；了解规则的内在联系，使裁判员更臻完美地作出公正的裁定，使受众更加深刻地体味排球运动的魅力。

纵观排球运动的百年沧桑，排球运动经历了一个由低到高，由简到繁，逐步完善的历史过程，在这历史过程中，伴随着排球运动的发展，排球竞赛规则也在不断地修改、不断地完善，以适应排球运动发展的需要。

第一节 第一部排球比赛规则

排球运动始于1895年，在美国马萨诸塞州西南一个叫荷由克（Holyoke）的城市里，一位名为威廉姆·基·摩根（William G. Morgan）的天主教青年会体育教育督导在辅导人们进行各种体育锻炼的实践中，感到当时流行起来的网球、篮球和橄榄球运动固然好，但对抗剧烈、运动量大，不适合年纪大的人参加，因此在经过了一段时间的摸索以后，他创造了一种叫“小网子（Mintonette）”的新游戏。该游戏较为和缓、运动量适当，即在网球场上把球网架在1.98 m（6 ft 5 in）的高度上，然后让人们用篮球内胆隔着网来回拍打，使球在空中飞来飞去，这就是排球运动的雏形。这种游戏当时成为人们在室内活动时的一种消遣，而且参与游戏的人数也是不受限制的。由于篮球内胆太轻，不易控制；篮球和足球又太重，易挫伤手指、手腕，摩根找到当时美国较大的制作体育用品的司保丁公司，要求他们设计一种用软牛皮包制的球，这种球既不伤手指，又不会一打就跑。司保丁公司按摩根的设计要求制作了与现代排球相近的、外表是皮制的、内装橡皮胆的球，其周长为63.5～68.6 cm（25～27 in（英寸）），质量为255～340 g（9～12 oz（盎司）），这是历史上的第一批排球。今天排球的大小和质量就是由此演变而来的。

这种游戏的第一部规则也是由摩根制定的。在第一部规则中规定了球网的高度是6.5 ft（1.98 m）；场地的大小为7.62 m×15.24 m（25 ft（英尺）×50 ft（英尺））；双方队员的人数不限；每场比赛进行9局，每局中对垒双方各有3次发球权；在把球打到对方场地内之前，接球的次数没有限制；如果第一次发球失误，还允许重新发球，这一点是从网球规则中学来的；但如果发球时将球打到球网上，则会被判犯规。

到 1896 年，所谓“排球”的名称正式出现了。在马萨诸塞州西南部春田市附近的一次示范表演之后，当时观看比赛的春田市的哈尔斯戴特博士发现这种打法和网球有些相似，因而建议把这一运动命名为 volleyball，即“空中截球”之意，这个名称得到了摩根及表演者的一致同意。于是 Mintonette 被正式更名为 volleyball 并一直沿用至今。

1896 年美国开始有排球比赛。第一部规则发表在 1896 年 7 月的美国《体育》杂志上。最初的比赛没有人数规定，由双方赛前商定，只要人数相等即可。

1897 年美国出版发行了第一部排球规则用书，其中有 10 条规则，其主要内容如下：

(1) 划场地。

(2) 比赛时间。

(3) 场地面积：7.62 m×15.24 m(25 ft×50 ft)；它被球网平均分为 7.62 m×7.62 m(25 ft×25 ft)的两个正方形。

(4) 球网面积：8.23 m×0.61 m(27 ft×2 ft)；网高 1.98 m(6.5 ft)。

(5) 球的外面为皮革或亚麻布套，内装橡皮球胆。球的周长为 63.5～68.5 cm(25～27 in)，质量为 340 g。

(6) 发球：发球队员一脚站在线上，用手掌击球，第一次发球失误，可再发一次。

(7) 记分：发球一方胜得 1 分，失败则换由对方发球。如发球后球落在本方场区算失误，则换掉发球队员。

(8) 比赛过程中球落在网上，算失误。

(9) 如果球落在线上算界外，即失误。

(10) 场上队员人数采用 5 人制(或人数不规定，只要双方相等即可)。

随后，美国的排球规则也经过了多次修改。主要内容为：规定队员的腰部以上部位可以击球；每队在本场区最多可击球 3 次；击球时手不得过网；后排队员不得进攻，等等。

1925 年，前苏联出版了第一本正式的有关排球规则的书，主要内容与美国的排球规则基本相同。

排球规则的诞生源于体育比赛“公平、公正”的原则，虽然只有简单的 10 条规则，却体现了公平与公正，并使排球比赛走上了规范化道路。

第二节　早期排球规则发展简况

排球比赛有了自己的规则，比赛更加规范，但随着排球运动的不断发展，有些规则已不能适应比赛的要求，所以排球规则也在不断地补充和完善，以适应排球运动的不断发展。

1900 年，排球规则进行了第一次改变，将球网的高度改为 2.32 m(7.6 ft)；每场比赛改成 21 分制；将端线和边线视为球场的一部分；发球改为一次发球制，不允许一人连续两次发球。这项规则的改动得到了天主教青年会的认可，而且还由他们正式出版了排球规则。同一年，排球传到了加拿大，使加拿大成为美国以外第1个开展排球运动的国家。

1897—1947年间规则主要修改的条款如下：

1912年，规定场上队员必须轮转位置；球场面积扩大为10.7 m×18.3 m；球网升高到2.30 m；网宽90 cm。

1916年，比赛采用三局两胜制。

1917年，很多直到今天仍在沿用的排球规则都是在这一年建立的，比如球网的高度升到2.44 m；球的质量规定为226.4～283 g(8～10 oz)；禁止持球、连击……

1918年，比赛中双方的人数被最后确定为6人，男子比赛的球网升高到2.43 m。

1919年，在第一次世界大战期间，排球不论是在美国本土还是在海外，都成为部队业余生活的内容，而且排球规则还被收录到军队的体育运动手册中。几千个排球和球网被从美国输送到国外的部队中。1919年美国出产的排球数量达到1万6千多个。

1921年，规定设置场地中线。

1922年，规定球场面积为18.19 m×9.14 m；每方最多只能连续击球3次；设立后排进攻限制线。

1923年，球场缩小为18 m×9 m，当比分打到14平时，以连胜2分者为胜。

1938年，允许进行拦网阻挡。

1941年，规定胸部以上的身体任何部位都可触球；在强劲的扣杀中，持球不算犯规。

自1897年出版了第一本排球规则书之后，随着排球运动的发展，规则也在不断完善，但早期规则的修改，主要以补充规则中不完善的条款，以适应技战术发展，和以维护排球运动特性为主要目的。

第三节 国际排球联合会(FIVB)成立后规则的发展

1947年国际排球联合会(FIVB)在法国巴黎成立。第一任国际排联主席是法国人鲍尔·黎伯(Paul Libaud)。国际排联一成立，便将美洲排球规则同欧洲排球规则合并，制定了世界6人制排球规则，使世界性的排球比赛在统一的规则下进行，使运动水平向更高的方向发展。

在国际排联的领导下，排球运动越来越普及，技术水平越来越高，竞赛规则越来越规范；目前国际排联已发展成为拥有218个会员国、拥有众多国际比赛和众多排球爱好者的、世界上最优秀的国际体育组织之一，排球运动已成为世界上最受欢迎的体育项目之一。

随着国际排联的成立，排球运动得到迅速普及，运动水平也不断提高，在世界范围内组织了各种各样的世界性排球比赛，规则也在不断地更新。根据年代的变迁，我们可以把规则的演变划分成5个阶段，如表5-1所列。

表 5－1 排球规则的演变

年　代	阶　段	主要特点
1895—1897 年	起始阶段	排球运动诞生，制定了最初的比赛规则
1898—1946 年	推广阶段	排球运动及规则的推广与普及阶段；规则在不断地补充和修改
1947—1964 年	成熟阶段	从国际排联成立到排球进入奥运会，此阶段排球规则进入成熟期
1965—1984 年	完善阶段	排球进入奥运会后，规则在不断完善，到第一任国际排联主席鲍尔·黎伯卸任为一个阶段
1985—2008 年	改革阶段	新任国际排联主席阿科斯塔任职期间，一直致力于排球运动的改革，通过规则的修改等一系列措施，使排球运动逐渐成为最受人们欢迎的体育运动之一

从 1947 年至今，排球规则做了若干次重大的修改。每一次修改都对排球运动产生了巨大的推动作用，使排球运动更具吸引力，更加精彩。现将修改的主要内容介绍如下：

（一）1947—1964 年，成熟阶段

1947 年，规定前排队员在发球后可以换位。

1948 年，规定了发球区。

1951 年，规定了进攻线；允许发球后场上队员换位。

1952 年，取消 3 次暂停的规定。

1957 年，限定换人次数为 4 次；换人和暂停时间为 30 s。

1961 年，换人为每局 6 人次；取消换人时间的规定。

在此期间，1950 年我国首次介绍了国际排联制定的六人制排球规则，1951 年审订出版了第一本六人制排球竞赛规则。我国排球运动正式与国际排球运动接轨，执行统一的国际排球规则。

（二）1965—1984 年，完善阶段

1965 年，允许前排队员过网拦网（1964 年东京奥运会国际排联代表大会上通过，1965 年 1 月执行）。

1968 年，在标志带外 20 cm 处设立标志杆，规定球触标志杆或从标志杆外过网即为犯规。（1968 年墨西哥奥运会国际排联代表大会上提出试验，1970 年索菲亚世界锦标赛国际排联代表大会上通过，1971 年 1 月执行）。

1976 年，标志杆内移至标志带外沿；允许拦网触球后再击球 3 次。

1984 年，取消第一次击球时连击的规定。

(三) 1985—2008年,改革阶段

1988年,增加对延误比赛的判罚;决胜局采用每球得分制;每局的最高限为17分;局间休息时间为3 min。

1992年,规定全队队员服装颜色必须一致;队员上衣号码为1～18号;禁止佩戴人为加力的物品;前四局即采用17分最高限分制,但决胜局到14平后,必须领先对方2分为胜;膝和膝关节以上任何部位都允许触球;队员可在无障碍区将球救回;发球试图后,发球队员必须在裁判鸣哨3 s内将球发出;只有在前场区击球时,队员触网方为犯规。

1994年,世界锦标赛和奥运会排球赛,端线外的无障碍区扩大为9 m,边线外无障碍区为6 m;发球区由3 m扩大为9 m;球可以触及身体的任何部位;在第一次击球时,允许身体不同部位在同一击球动作中连续击球;非进攻性击球时的触网不算犯规;放宽"持球"尺度。

1996年,进攻限制线向两侧延长1.75 m;球的气压由392.4～441.45 hPa(0.40～0.45 kg/cm^2),改为294.3～318.82 hPa(0.30～0.325 kg/cm^2);增加"技术暂停";规定了手和脚过线的概念;球从标志杆外越过球网垂直面后,队员可以从标志杆外将球击回;修改了判罚等级。

1998年,增设判罚区;球的颜色可以是一色浅色或彩色;增加自由防守队员;队员号码为1～18号;教练员可在限定区域内走动;实行每球得分制;记分改为前四局为25分,决胜局为15分;放宽触网的尺度;修改了对不良行为的判罚等级;增加延误判罚;取消"发球试图",改发球时间为8 s。

第四节　近年排球规则重大改革及现行规则

进攻与防守的对立统一是排球运动发展的基本规律,只有进攻与防守在相互激烈的竞争中,才能充分表现运动员高超的技术、多变的战术、超人的体能,以及顽强的意志品质和良好的心理素质。

近年来,由于训练水平的提高,运动员技战术水平及身体素质迅速提高,使进攻技术明显强于防守技术,比赛中很少再能看到20世纪80年代,中国女排获得五连冠时那种"打不死"的竞争场面,来回球次数减少,频频地交换发球权,弱队很难再反败为胜,比赛的悬念少了,精彩程度大大降低,使一部分人离开了排球场,去寻找更精彩、更刺激的运动项目。

其次,由于运动员身高的逐年增加,导致防守能力的下降,接发球、防守不到位,二传就无法组织复杂的进攻战术,限制了新技术、新战术的产生与发展,需要修改规则来提高防守能力,使攻守趋向平衡,刺激新技战术的产生,推动排球运动的再发展。

进入20世纪90年代以来,国际体坛商业化趋势越来越明显,竞技体育项目的职业化、市场化已成为一种趋向。排球运动及其比赛要走向市场才能得到社会的接纳和经济的支持,而现代社会电视传播是涉及面最广,影响力最大的宣传媒介,可以说,没有电视转播的体育运动,不是世界性的体育运动,更不可能成为世界大型体育运动项目,电视中的广告是经济效益的主

要来源。因此,如何使排球比赛的形式和内容更适应于电视转播,并能在电视转播中表现得完美,成为亿万电视观众喜闻乐见的、具有高度欣赏价值的节目,乃是修改规则的又一个重要原因。排球比赛时间的不可控性,限制了电视转播的介入,所以要适应社会需求,也必须修改规则,促进排球运动的发展。

鉴于以上种种原因,为推动排球运动在全世界的开展,国际排联在主席阿科斯塔的带领下,在1994年举行的国际排联行政年度会议上,一致通过了《世界排球2001计划》。规则的修改是这一计划的重要组成部分,经过5年的探索与科学实验,从1999年起全面执行改版后的规则。现在的规则已与原来的规则大不相同,这是排球运动发展100多年来改动最大的一次,相信看过奥运会排球比赛的人们都会有此感受,那么规则修改的条款主要有哪些呢?

一、近年来规则修改的主要条款

(一)有利于提高防守能力的条款

(1)球可以接触身体的任何部分。

(2)放宽持球、连击的尺度。

(3)可以到无障碍区以外将球击回。

(4)增加自由防守队员。

(5)减小球的气压(从0.40~0.45 kg/cm^{2}减小到现在的0.30~0.325 kg/cm^2)。

(二)有利于电视转播的条款

(1)实行每球得分制。

(2)增加技术暂停。

(3)使用彩色球。

(4)队员服装应合体。

(5)教练员可以在指定区域内走动,进行场外指导。

(6)放宽对拦网碰网的判罚尺度。

(7)发球区改为9 m,发球擦网为好球。

(8)取消发球试图。

二、新规则的实施对排球运动的影响

(一)自由人的运用

在规则修改中,最重要的一条就是自由人的运用。所谓自由人,就是场上的一名自由防守队员,他穿着与其他队员不同颜色的服装上场,可以不经过裁判同意,在死球时,随时替换后排队员,参加本队的接发球与防守,但不得发球和进攻。

排球比赛的得失分规律表明,除了发球和扣探头球以外,排球的一切进攻,都是从接发球和防守开始,没有良好的接发球和防守做基础,一切进攻无从实现。而自由人正是承担了这一光荣而艰巨的任务,经过技术统计,好的自由人可以接到全场60%以上的发球,而且到位率高,为进攻战术的组成提供了保障。

另外,自由人应是一位防守出众的队员,全队最艰巨的防守任务全部交给了他。有些队还根据自由人的防守能力,专门设计了拦防战术,让拦网者重点拦住防守能力较差队员所防的区域,而把拦不到的区域让给自由人来防守,借以提高全队的防守能力。

排球比赛中,防守不仅是一项技术,也是全队作风的体现。防守可以最大限度地鼓舞队员的士气,振奋人们的精神。自由人通过顽强的防守、漂亮的接球技术,可使球起死回生,变被动为主动,使比赛此起彼伏,惊心动魄;还可通过自由人的顽强精神,带动全队,感染其他队员,使同伴精神振奋,全身心地投入到比赛中来。

从大型国际比赛的技术统计资料表明:根据自由人出场的次数,在场上的时间和作用,这位选手已成为全队中举足轻重的角色,他几乎起到一名主攻手的作用。所以,自由人的出现是规则修改的产物,而自由人的运用,提高了接发球与防守的水平,促进了攻守的相对平衡,使比赛更紧张激烈。可以说,自由人技战术水平的高低,直接关系到一个队整体实力的强与弱。

(二) 对运动员的要求更高

自 1999 年 1 月 1 日起,每球得分制的实施使比赛进行得相当紧张激烈,甚至到了白热化的程度,场上比分交替上升,悬念不断,高局数、高比分不断出现,不到最后一声哨响,双方难以分出伯仲。2000 年的悉尼奥运会女排比赛,全部比赛没有一个队保持全胜,在进入前 4 名的交叉比赛中,中国女排以 0∶3 负于俄罗斯队,但是 3 局的比分分别为:25∶27;23∶25;25∶27,以最小的比分差距无缘四强。

通过这种激烈争夺的现象,我们不难发现,排球比赛实际上是双方运动员体能、技能、智能及心理素质等全方位的综合较量。随着比赛激烈程度的增加,比分的接近,每一次的成功都可以得分,而每一次的失误也可以失分,在比赛的关键时刻,运动员如何运用技术、战术,敢不敢像平时一样地进攻,得与失就在一瞬间完成,这些都给运动员的技术、战术、身体素质及心理品质提出了更高的要求。只有技术全面,体力充沛,敢打敢拼,心理素质好的队员,在关键时刻才能顶得住,发挥出应有的作用。

(三) 比赛的观赏性增加

新规则的实施还表现在:比赛的观赏性增加,适应了市场的需求。

排球比赛采用局、分判定胜负,时间难以控制。据统计,在大型国际比赛中,最短的一场球是 35 min,最长的一场球是 3 h(小时)35 min,相差极为悬殊,这已成为影响排球运动继续发展的主要问题。为了解决这一矛盾,国际排联经过一系列的论证、实验,最终选中了每球得分制的比赛形式,它较好地控制了比赛时间。在奥运会比赛期间,男排比赛每场用时一般在90 min左右,女排比赛每场用时一般在 80 min 左右,为电视转播提供了方便。

国际排联考虑电视转播的效果,还采取了一系列措施。如:增加"技术暂停",在前四局比分为 8 分和 16 分时,自动暂停 1 min。这一修改是为转播商的利益而专门修订的,为电视广告的插播提供了条件。另外，为了使转播更加精彩，获得更多的经济效益，引发了不少的科技产品介入排球比赛之中。例如：两次暂停中，电视台要编辑和重播比赛中的精彩镜头；甚至在成死球时，若电视导演认为刚才的一球值得回味，就指示裁判员推迟发球，借此时间重播这一镜头。编导与第一裁判之间的联系是通过安装在裁判台前面网柱上的一个小红灯，红灯亮时表明电视正在回放精彩镜头；红灯灭了裁判才可鸣哨发球，继续比赛。我们在观看2008年北京奥运会排球比赛时或许注意到，当队员大力发球后，电视屏幕的右下角就显示出队员发球的速度。这种测速器深受运动员和观众的喜爱，他们可以从测速器上得到第一手资料，特别是看到某一运动员发球或扣球的速度超群时，心情非常激动，为比赛平添了几分精彩。

1998年推出"教练员可以在比赛时，沿本方场地边线走动和指挥队员"。这可以增加比赛的气氛，展示教练员的指挥激情。我们印象最深的恐怕会是俄罗斯女排教练员卡尔波里的怒吼。1998年世界女排锦标赛，郎平带领的中国女排以3∶0战胜俄罗斯队获决赛权后，中国体育报头版刊登了标题为"以我似水柔情，克你如雷咆哮"的大幅照片，来展示临场教练员的指挥风格。

考虑转播效果，国际排联对运动员服装的式样、颜色都做了规定。我们可以看到古巴队穿上了类似于游装的比赛服，增加了电视转播的视觉效果。

以上规则的修改增强了比赛的观赏性，满足了市场对比赛的需求，同时也提高了排球赛事的经济效益。

三、国际排联近期试行并即将执行的新规则

（一）"快速换人"规则

2007年世界男排联赛和世界女排大奖赛中试行了"快速换人(quick substitution system)"规则，即只要替补队员进入换人区，就被视为"请求换人"。当比赛成死球时，记录员按响蜂鸣器后，队员可自由上下。该规则试行的目的在于减少比赛中的间断次数和间断时间，以便保持比赛的节奏，使比赛更流畅、更精彩。

（二）"双自由人"规则

2007年，在国际排联规则委员会年会上，通过了球队的"双自由人"规则，即全队可以有两名自由人，比赛前由教练员确认谁先上场，如教练员要更换自由人，无需陈述理由即可自由更换。

第六章　排球规则的教学与实践

第一节　排球比赛的特性

(一) 排球比赛的特点

排球比赛是两队运动员在由球网分开的场地上进行比赛的集体项目。它可以有多种比赛方式,以适应各种不同性质的比赛需求,从而不断推动排球运动的广泛开展。

(二) 排球比赛的目的

排球比赛的目的,是对抗的两队遵照规则将球击过球网,使其落在对方场区的地面上,而防止球落在本方场区的地面上。每队可通过 3 次击球(拦网触球除外)将球击回对方场区。

(三) 排球比赛的方法

比赛由发球开始,发球队员击球使球从网上飞至对方场区。比赛由此连续进行,直至球落地、出界或某一队不能合法将球击回。

排球比赛中某队胜 1 球,即得 1 分(每球得分制)。接发球队胜 1 球时得 1 分,同时获得发球权,队员按顺时针方向轮转一个位置。

第二节　排球比赛的场地和器材

一、规则条款

(一) 比赛场地

排球比赛场地为对称的长方形,包括比赛场区和无障碍区。

1. 场地面积

排球比赛的场地面如图 6－1 和图 6－2 所示。

比赛场区为 18 m×9 m 的长方形。其四周至少有 3 m 宽的无障碍区,比赛场区上空的无障碍空间从地面量起至少高 7 m,其间不得有任何障碍物。

国际排联世界性比赛场地边线外的无障碍区至少宽 5 m,端线外至少宽 8 m,比赛场地上空的无障碍空间至少高 12.5 m。

2. 比赛场地的地面

(1) 场地的地面必须平坦、水平、划一。场地的地面不得有任何可能伤害队员的隐患。不得在湿、滑或粗糙的地面上比赛。

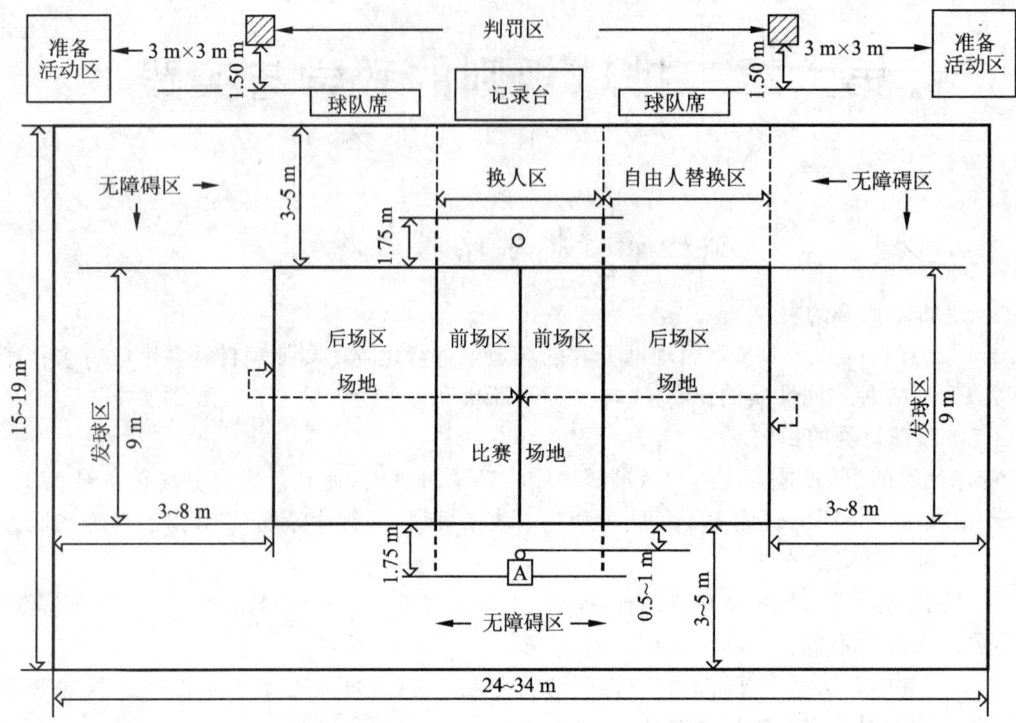

图 6－1 排球比赛场地

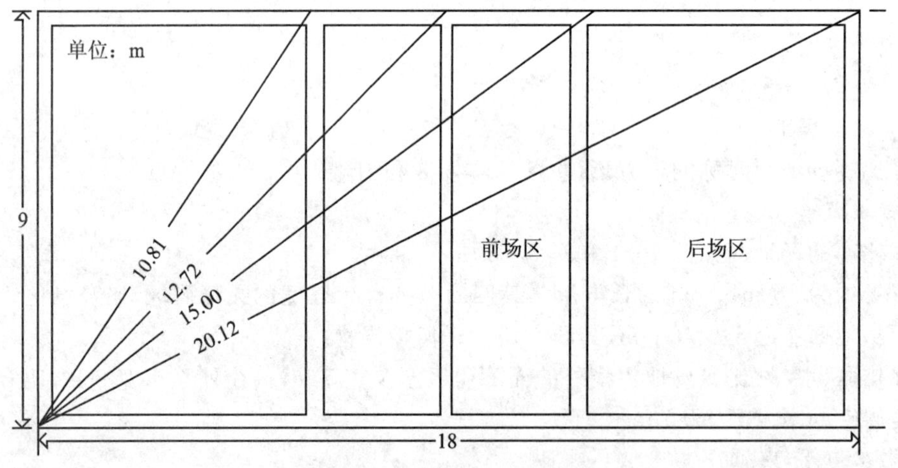

图 6－2 排球比赛场区规格

国际排联世界性比赛场地的地面只能是木制的或合成物质的。任何地面都必须事先经国际排联验准。

(2) 室内比赛场地的地面必须是浅色。国际排联世界性比赛场地界线为白色。比赛场区和无障碍区分别为另外不同的颜色。

(3) 室外场地为了排水,每米可以有 5 mm 的坡度。不得用任何坚硬的物体作为场地界线。

3. 场地上的画线

(1) 所有的画线宽为 5 cm。其颜色应该是与地面以及其他项目场地画线不同的颜色。

(2) 界线:两条边线和两条端线划定了比赛场区。边线和端线都包括在比赛场区的面积之内。

(3) 中线:在网下连接两条边线的中点的连线。中线的中心线将比赛场区分为 9 m×9 m 的两个相等场区。

(4) 进攻线:每个场区各画一条距离中线的中心线为 3 m 的进攻线,标出了前场区。

国际排联世界性比赛时,在每条进攻线两端各画 5 段长为 15 cm、宽为 5 cm、间隔为 20 cm 的虚线,虚线总长为 1.75 m。

4. 区和区域

(1) 前场区:中线的中心线与进攻线之间为前场区。前场区被认为是向边线外延长的,直至无障碍区的边沿。

(2) 发球区:宽为 9 m,位置在端线后。端线后两条边线的延长线各画一条长为 15 cm、垂直并距离端线 20 cm 的短线,两条短线之间的区域为发球区,短线的宽度包括在发球区之内。发球区的深度延长至无障碍区的边沿。

(3) 换人区:两条进攻线的延长线之间,记录台一侧边线外的范围为换人区。

(4) 准备活动区域:国际排联世界性比赛的无障碍区外的球队席远端角落,画有 3 m×3 m的准备活动区域。

(5) 判罚区域:位于控制区域内各端线的延长线后,放有两把椅子。其长宽各为 1 m,线宽 5 cm,为红色。

5. 温 度

最低温度不得低于 10 ℃(50 ℉)。国际排联世界性比赛的室内温度,最高不得高于 25 ℃(77 ℉),最低不得低于 16 ℃(61 ℉)。

6. 照 明

国际排联世界性比赛室内照明度在距比赛场地地面 1 m 高处进行测量,应为 1 000~1 500 lx(勒克斯)。

(二) 球网与网柱

比赛用的球网和网柱如图 6-3 所示。

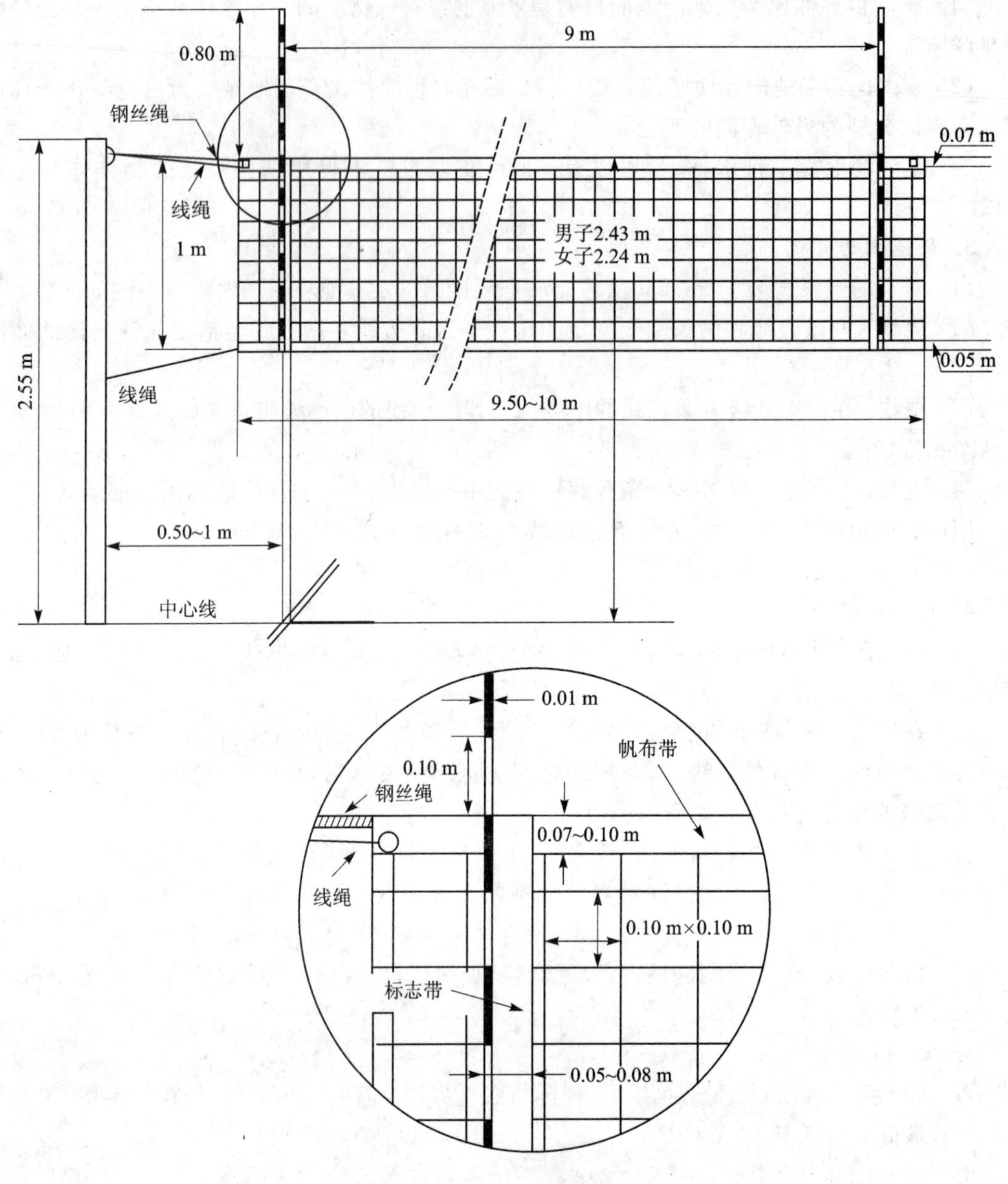

图 6-3 球网的规格

1. 球网高度

(1) 球网架设在中线上空,高度为男子 2.43 m,女子 2.24 m。

(2) 球网的高度应从场地中间丈量,球网两端(边线上空)的高度必须相等,并不得超过规定网高 2 cm。

2. 球网构造

球网为黑色，宽为 1 m，长为 9.50～10 m（每边标志带外 25～50 cm），网眼为 0.10 m×0.10 m。球网上沿的全长缝有 7 cm 宽的双层白帆布带。帆布带的两端留有孔，用绳索系在网柱上使网上沿拉紧。用一根柔韧的钢丝穿过帆布带，拉紧网上沿，固定在网柱上。

3. 标志带

两条宽为 5 cm、长为 1 m 的白色带子为标志带，分别系在球网两端，垂直于边线。标志带被认为是球网的一部分。

4. 标志杆

标志杆是有韧性的两根杆子，长为 1.8 m，直径为 0.01 m，由玻璃纤维或类似材料制成。两根标志杆分别设置在标志带外沿球网的不同侧面。

标志杆高出球网 0.80 m。高出部分每 0.10 m 应涂有明显对比的颜色，最好为红白相间。标志杆被认为是球网的一部分，并视为过网区的边界。

5. 网　柱

（1）两根网柱分别架设在两条边线外 0.5～1 m 处，高为 2.55 m，最好可以调节高度。国际排联世界性比赛中网柱应架设在两条边线外 1 m 处。

（2）网柱应为圆柱形，光滑并无拉链固定。一切危险设施和障碍物都必须清除。

6. 附加设施

一切附加设备都必须符合国际排联的规定。

（三）球

1. 球的质地、规格

球是圆形的，由柔软皮革或合成革制成外壳，内装橡皮或类似质料制成的球胆。国际排联世界性比赛使用的合成革和彩色球须经国际排联同意并符合其标准。圆周长为 65～67 cm，质量为 260～280 g，气压为 0.30～0.325 kg/cm^2（294.3～318.82 hPa）。

2. 统一性

在一次比赛中所用的球，其特性，包括圆周、质量、气压、牌号及颜色等都必须是统一标准的。国际排联世界性比赛、国家联赛和锦标赛所用的球必须是国际排联批准的用球，或经过 FIVB 特许。

3. 三球制

国际排联世界性比赛应采用三球制。设 6 名捡球员，无障碍区的 4 个角落各 1 人，第一、二裁判后面各 1 人。

二、教学重点

（1）明确排球场地的概念，熟练掌握比赛场区、无障碍区、无障碍空间、比赛场地上的画线，以及区和区域的规格。

(2) 了解规则对温度和照明的有关规定。

(3) 掌握有关球网、标志带、标志杆和网柱的规定。

(4) 熟练掌握有关球网高度的规定和丈量网高的方法。

(5) 熟练掌握有关比赛用球的各项规定。

三、实例分析

【例】 比赛前裁判员检查网高时，应以边线上空的球网高度为标准。裁判员这种检查球网的方法正确吗?

答：不正确。检查球网高度，应从场地中间丈量，男子高度为 2.43 m，女子为 2.24 m。球网两端(边线上空)的高度必须相等，并且不能超过规定高度 2 cm。

第三节 比赛参加者

一、规则条款

(一) 比赛队

1. 队的组成

(1) 一个队最多有 12 名队员，1 名教练员，1 名助理教练员，1 名训练员和 1 名队医。国际排联世界性比赛中，医生必须事先得到国际排联的认可。

(2) 除后排自由防守队员外的一名队员为队长，队长在记录表上被注明。

(3) 只有登记在记录表上的队员才可以进入场地和参加比赛。教练员和队长在记分表上签字以后，已登记在记分表上的队员名单不得更改。

2. 队的位置

(1) 比赛时，替补队员应坐在本队场地一侧的球队席上或在准备活动区域内，教练员和其他成员也应坐在球队席上，但可暂时离开。球队席设在记录台的两侧，无障碍区之外。

(2) 在比赛中只有队的成员才允许坐在球队席上并参加赛前的准备活动。

(3) 替补队员可以做如下无球的准备活动：

① 比赛中，在准备活动区域内；

② 暂停或技术暂停时在本队场区之后的无障碍区。

(4) 两局比赛之间队员可以在无障碍区用球做准备活动。

3. 服 装

队员服装包括上衣、短裤、袜子(必须一致)和运动鞋。

(1) 全队上衣、短裤和袜子的颜色、样式必须统一(后排自由防守队员除外)，服装必须整洁。

（2）运动鞋必须是没有后跟的柔软轻便的胶底或皮底鞋。国际排联世界性比赛不允许穿鞋底可画出黑色痕迹的鞋。上衣和短裤须完全符合国际排联标准。

（3）队员上衣必须有号码，序号为1～18号。号码的位置如下：

① 号码必须在身前和身后的中间位置，并与上衣的颜色明显不同。

② 身前号码高度至少为15 cm，身后号码高度至少为20 cm，号码笔画宽度至少2 cm。国际排联世界性比赛中，队员短裤右腿处须有4～6 cm高的号码，号码笔画宽度至少为1 cm。

（4）队长上衣胸前号码下，应有一条与上衣颜色不同的长为8 cm、宽为2cm的条状标志。

（5）禁止穿着不符合规则规定号码的服装和与同队其他队员不同颜色的服装（后排自由防守队员除外）。

4. 服装的更换

第一裁判员可以允许一名或多名运动员：

（1）赤脚比赛，但国际排联世界性比赛不允许赤脚比赛。

（2）在局间或换人后更换湿的或损坏的服装，但必须是相同的颜色、式样和号码。

（3）天气较冷时可穿训练服比赛，但全队服装的颜色、样式必须相同（后排自由防守队员除外），号码符合规定。

5. 禁止佩戴的物品

（1）禁止佩戴可能对运动员造成伤害及加力的物品。

（2）队员可以戴眼镜参加比赛，但风险自负。

（二）队的领导

队长和教练员应对全队成员的行为和纪律负责。

后排自由防守队员不能担任队长。

1. 队　长

（1）比赛前，队长在记分表上签字，并代表本队抽签。

（2）比赛中，队长担任场上队长。当队长不在场上时，教练员或队长应指定除后排自由防守队员以外的另一名队员担任场上队长代行其职权，直至该队员下场或队长返回场上，或至该局结束。只有场上队长在死球时才可以与裁判员讲话，其内容如下：

① 请求对规则和规则的执行进行解释，转达本队队员提出的问题或请求。如果他对解释不满意，可以选择抗议并立即向第一裁判员声明，保留其在比赛结束时将正式的抗议写在记分表上的权力。

② 请求允许：

第一，更换全部或部分服装；

第二，核对双方队员的位置；

第三，检查地板、球网和球等。

③ 请求暂停或换人。

(3) 比赛后：

① 感谢裁判员，并在记分表上签字承认比赛结果；

② 如果他曾向第一裁判员作过声明，进一步确认后可将对裁判员的解释或执行规则的正式抗议记录在记分表上。

2. 教练员

(1) 教练员应自始至终在比赛场区之外进行指挥，他可与第二裁判员联系填写位置表、请求暂停或换人。

(2) 比赛前，在记分表上登记或检查队员姓名、号码并签字。

(3) 比赛中：

① 每局开始前填写位置表，签字后交给第二裁判员或记录员。

② 坐在靠近记录员一端的球队席上，但可以暂时离开。

③ 请求暂停或换人。

④ 与球队的其他成员一样，可以对场上队员进行指导。进行指导时，可以在球队席前自进攻线延长线至准备活动区域之间的无障碍区内站立或行走，但不得干扰或延误比赛。

3. 助理教练员

(1) 助理教练员坐在球队席上，但无任何权力。

(2) 如果教练员必须离队时，场上队长请求并经第一裁判员同意，助理教练员可以承担教练员职责。

二、教学重点

(1) 明确有关比赛队的组成、队的位置、服装和禁止佩带物品的规定。

(2) 掌握队长、教练员的权力和责任。

(3) 熟练掌握场上队长的权力。

三、实例分析

【例 1】 女子比赛中，一名队员手指上戴着钻石戒指。第一裁判员要求她摘掉，但是戒指摘不下来。这种情况下，允许她戴着戒指比赛吗？

答：原则上她必须摘掉。如果确实摘不下来，她必须用胶带将其缠住，以避免她自己和其他队员受伤。裁判员必须告诉这名队员及其教练员，她已经违反了规则，须对这个戒指造成的伤害后果负责。

【例 2】 发球队场上队长不能确定接发球队哪位队员为前排，于是请求第一裁判员核对场上位置。这是允许的吗?

答:如果偶尔提出这样的要求,第一裁判员可以让第二裁判员核对对方队员的场上位置。但是只能确认其位置是否正确而不会指明前后排队员。

【例3】 一场比赛中,第一裁判员对发球队的犯规判罚,其场上队长要求对这一判罚进行抗议。但是第一裁判员声明,裁判员的判决是最终判决不接受任何抗议。裁判员这样做对吗?

答:第一裁判员是错误的。裁判员必须明确阐明其裁决的理由。如果场上队长对解释不满意,他可以保留在比赛结束时将此意见作为抗议记在记分表上的权利。对规则应用或判罚的抗议应被允许,而且必须接受。但在比赛过程中不允许对裁判员的判决进行争论。

设有管理委员会的国际性正式比赛,提出抗议的球队主教练可以向仲裁委员会主席请求召开仲裁会议。

【例4】 比赛成死球时,坐在替补席上的队长提出换人的请求,第二裁判员应如何处理?

答:第二裁判员应拒绝。只有教练员和场上队长在死球时有权向裁判员提出暂停和换人的请求。队长在场下时,已不担任场上队长,因而没有权力向裁判员提出暂停和换人的请求。

【例5】 在一场比赛中,某队教练员不同意第一裁判员的判罚,随后走近第二裁判员要求他对第一裁判员的判罚进行解释。第二裁判员的两次解释都超过了10 s。第二裁判员这样做正确吗?

答:规则规定,只有场上队长有权请求裁判员进行解释。教练员没有这个权利。

第二裁判员应拒绝与教练员对话并要求其回到原位。如果他仍旧出现这样的行为,第二裁判员应立即通知第一裁判员给予其应有的判罚。

一般情况下,第一裁判员会通过场上队长对该教练员口头警告,而无判罚。

如果教练员继续这种行为,第一裁判员应通过其场上队长对该教练员的粗鲁行为进行判罚(黄牌)并使该队失1分。

【例6】 在一场比赛中,某队教练员在一球结束时站起来大声抱怨裁判员的裁决,并要求裁判员重新考虑判决。第一裁判员该如何回应?

答:第一裁判员应通过场上队长对该教练员及其他成员的轻微不良行为进行警告。在本例中,第一裁判员应针对现场情况对该教练员的粗鲁行为给予判罚(黄牌)并记录在案。

只有场上队长有权请求裁判员对其判定进行解释。

【例7】 比赛中,A队的助理教练员及训练员也离开球队席向教练员一样在边线附近走动。第一裁判员并未制止这种行为,A队的这种行为可以吗?

答:规则规定,比赛中只允许教练员在进攻线延长线与准备活动区域之间的无障碍区自由行走。球队的其他成员必须坐在球队席或在准备活动区域内。第一裁判员应通过场上队长给予A队教练员一次警告并要求该队助理教练员及训练员坐回球队席。

第四节 比赛方法

一、规则条款

(一) 胜1分、胜1局与胜1场

1. 胜1分

(1) 得 分 某队得1分的情况如下：

① 球成功地落在对方场区；

② 对方犯规；

③ 对方受到判罚。

(2) 犯 规 当队员的比赛行为违背规则时(或有其他方式的犯规时)，裁判员按以下规则进行判断并作出决定：

① 如果两个或更多队员同时犯规先后发生，只判第一个犯规；

② 如果双方队员同时犯规，判为“双方犯规”，该球重新比赛。

(3) 胜1球的结果 所谓1球，是指从发球击球起至该球成死球止的过程。结果如下：

① 如果发球队获胜，得1分并继续发球；

② 如果接球队获胜，得1分并获得发球权。

2. 胜1局

每局(决胜的第五局除外)先得25分同时超过对方2分的队胜1局。当比分24∶24时比赛继续进行至某队领先2分(26∶24,27∶25…)为止。

3. 胜1场

(1) 胜3局的队胜1场。

(2) 如果2∶2平局时，决胜局(第五局)打至15分并领先对方2分的队获胜。

4. 弃权与阵容不完整

(1) 某队被召唤后拒绝比赛，则宣布该队为弃权。对方以每局25∶0的比分和3∶0的比局获胜。

(2) 球队无正当理由而未准时到达比赛场地，则宣布该队为弃权，处理同上一条规则。

(3) 某队被宣布1局或1场比赛阵容不完整时，则输掉该局或该场比赛，判给对方胜该局或该场比赛所必要的分数和局数。阵容不完整的队保留其所得分数和局数。

(二) 比赛的组织

1. 抽 签

比赛开始前由第一裁判员主持抽签，决定首先发球的队和场区。进行决胜局比赛前，应再次抽签。

(1) 抽签由双方队长参加。

(2) 抽签获胜方可以选择发球或接发球,或场区。另一方挑选余下部分。

(3) 如果两队分开进行准备活动,则首先发球的队先使用球网。

2. 准备活动

(1) 在比赛开始前,如另有场地提供比赛队进行活动,则他们可以上网活动 6 min,如果没有,则活动 10 min。

(2) 如果队长要求分开使用球网活动,可以各自使用 3 或 5 min。

3. 开始阵容

(1) 每个队必须始终保持 6 名队员进行比赛。队员的轮转次序应按位置表登记的顺序进行,直至该局结束。

(2) 每局比赛开始前,教练员必须及时地将开始阵容登记在位置表上,签字后交给第二裁判员或记录员。

(3) 未列入开始阵容的队员,为该局的替补队员(后排自由防守队员除外)。

(4) 位置表一经交给第二裁判员或记录员,除正常换人外,阵容不得改变。

(5) 当场上队员的位置与位置表不符时:

① 一局开始前,场上队员的位置与位置表不符时,必须按位置表进行纠正,不予判罚。

② 一局开始前,场上有一名或更多队员没有登记在位置表上,必须按位置表进行纠正,不予判罚。

③ 如果教练员要保持未登记的队员在场上,他必须请求正常的换人,并登记在记分表上。

4. 位　置

发球队员击球时,双方队员(发球队员除外)必须在本场区内按轮转次序站位。

(1) 队员场上位置为:

① 靠近球网的 3 名队员为前排队员,其位置为 4 号位(左)、3 号位(中)2 号位(右)。

② 另外 3 名队员为后排队员,其位置为 5 号位(左)、6 号位(中)和 1 号位(右)。

(2) 两名队员之间的位置如图 6－4 所示。

每一名后排队员的位置必须比其相应的前排队员距离中线更远。

(3) 队员的位置应根据其脚的着地部位判定:

① 每一名前排队员至少有一只脚的部分,比同列后排队员的双脚距中线更近;

② 每一名右(左)边队员至少有一只脚的部分,比同排中间队员的双脚距右(左)边线更近。

(4) 发球击球后,队员可以在本场区和无障碍区的任何位置。

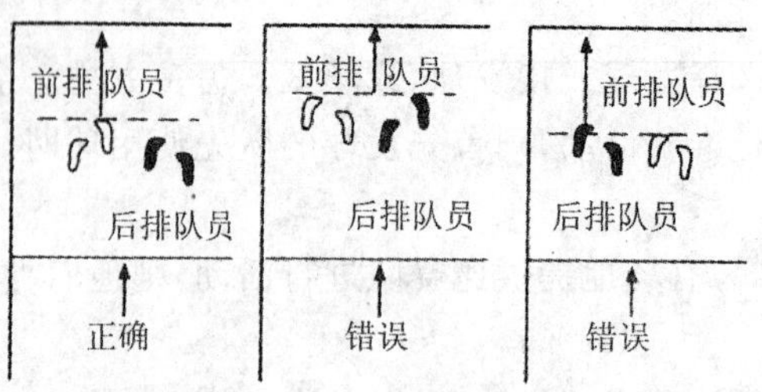

前排队员与相应的后排队员位置关系

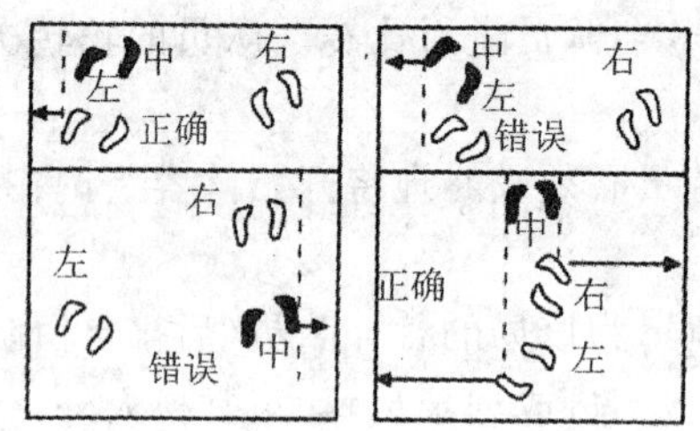

图 6-4　队员的位置

5. 位置错误

(1) 当发球队员击球时，如果队员不在其正确位置上，则构成位置错误犯规。

(2) 如果发球队员击球时的犯规与对方位置错误同时发生，则发球犯规被认为在先。

(3) 如果是发球队员在击球后的犯规，则接发球位置错误在先。

(4) 位置错误的判罚如下：

① 该队失 1 球；

② 队员恢复到正确位置。

6. 轮　转

(1) 整局比赛中，轮转次序、发球次序以及队员位置均按位置表填写的顺序进行。

(2) 接发球队获得发球权后，该队队员必须按顺时针方向轮转一个位置；2 号位队员转至 1 号位，1 号位队员转至 6 号位等。

7. 轮转错误

(1) 没有按照轮转次序进行发球为轮转错误，应进行如下判罚：

① 该队失 1 球；

② 纠正队员的轮转次序。

(2) 记录员应准确地确定其错误何时发生，从而取消该队自错误发生后的所有得分。对方得分仍然有效。如果不能确定错误发生的时间，则仅判该队失 1 球。

二、教学重点

(1) 熟练掌握有关得分、胜1球和胜1场的规定。

(2) 掌握弃权与阵容不完整的处理方法。

(3) 熟练掌握抽签、准备活动的组织方法。

(4) 明确开始阵容与替补队员的概念。

(5) 熟练掌握当场上队员的位置与位置表不符时的处理方法。

(6) 明确队员场上位置的概念,明确同排队员之间的位置关系、同列队员之间的位置关系。

(7) 熟练掌握位置错误的概念及其处理方法。

(8) 熟练掌握轮转方法和轮转错误的处理方法。

三、实例分析

【例1】 在第一局及第五局之前抽签获得优先选择权时,队长该如何选择?

答:由于抽签获胜方可选择发球、接发球或场区。因此,若获胜队选择场地,另一方队长必须选另一边场地并且可以选择发球或是接发球。若胜队选择发球,另一方必须选择接发球,但可以挑选合适的场区。若胜队选择接发球,另一方必须选择发球,同时可以挑选合适的场区。

【例2】 比赛中6号位队员A明显站在前排3号位队员B的前面。当对方发球队员击球时,A跳起在空中未接触地面,那么,这个位置合法吗?

答:队员跳起后,其位置仍然是他离开地面前的那一点。因此,虽然A在空中,但他的位置仍然在B的前面,应判为位置错误,所以该队失1分

【例3】 发球击球时,接发球队6号位队员的双脚比3号队员双脚稍后一点,但是他放在地上的一只手明显超过了3号位的队员,这个位置合法吗?

答:这个位置是合法的。只有队员接触地面的双脚是决定队员位置的部位。

【例4】 在一场比赛中,主队发球客队得分。但在主队队员发球时,记录员没有看到该队员的号码,直到这一球结束时才看清。他立即通知第二裁判员发球队员位置错误。裁判员判客队得分并纠正了主队队员的位置。客队教练员抗议,认为对方位置错误而应判再得1分。第一裁判员应该再判他们得分吗?

答:裁判员应只判客队得1分。即使该球结束时记录员才发现主队位置错误。客队得到1分是因为对方的位置错误。

第五节 比赛行为

一、比赛的状态与击球

(一) 规则条款

1. 比赛的开始

经第一裁判员允许,发球队员击球时比赛开始。

2. 比赛的中止

裁判员鸣哨即为比赛的中止。如果裁判员是因出现犯规而鸣哨,则比赛的中止是由犯规一刻开始的。

3. 界内球

球触及比赛场区的地面包括界线为界内球。

4. 界外球

下列为界外球:

(1) 球接触地面的部分完全在界线以外;

(2) 球触及场外物体、天花板或非场上比赛队员;

(3) 球触及标志杆、网绳、网柱或球网标志带以外部分;

(4) 球的整体或部分从过网区以外过网;

(5) 球的整体从网下空间穿过。

5. 比赛中的击球

比赛队必须在其本方场地及空间进行比赛,但可以越出无障碍区救球。

比赛队员与球的任何触及都视为击球。每队最多击球 3 次(拦网除外)将球击回对区,如果超过则判为"四次击球犯规"。

(1) 连续击球:一名队员不得连续击球两次。

(2) 同时击球:两名或三名队员可以同时触球。

① 同队的两名或三名队员同时触到球时,被计为两次(或 3 次)击球(拦网除外)。如果只有其中一名队员触球,则只计 1 次。队员之间的碰撞不算犯规。

② 两名不同队的队员在网上同时触球,比赛继续进行,获球一方可再次击 3 次。如果该球落在某方场区之外,则判对方击球出界。

③ 如果两名不同队的队员在网上同时触球并造成"持球",则判为双方犯规,该球重新比赛。

(3) 借助击球:队员不得在比赛场地之内借助同伴或任何物体支持进行击球。但是队员可以挡住或拉住另一名即将犯规(如触网、过中线等)的同队队员。

6. 击球的性质

(1) 球可以触及身体的任何部位。

(2) 球不能被接住和/或抛出。它可以向任何方向弹出。

(3) 球可以触及身体的不同部位,但必须是同时。下列情况除外:

① 拦网时,一名队员或多名队员可以在一个动作中连续触球;

② 在第一次击球时,允许身体不同部位在一个动作中连续触球。

7. 击球时的犯规

(1) 四次击球:一个队连续击球4次。

(2) 借助击球:队员在比赛场地内借助同伴或任何物体的支持进行击球。

(3) 持球:球被接住和/或抛出,而不是被弹击出。

(4) 连击:一名队员连续击球两次,或球连续触及其身体的不同部位。

(二) 教学重点

明确有关界内球、界外球、击球的次数、击球的性质、同时击球、借助击球和击球犯规的概念,熟练掌握其处理方法。

(三) 实例分析

【例1】 比赛中,A队接发球队员一传不到位,球从标志杆外飞向对方无障碍区。A队二传队员追球进入对方无障碍区,将球垫回本方。但不走运的是,球并未过网而是飞向对方3号位队员。在球未接触3号位队员时,裁判员鸣哨示意该球"出界"。裁判员这一判定是否正确?这一球何时算出界?

答:裁判员的判定是正确的,这一球的确是"出界"。当球完全离B队无障碍空间飞向该队一侧的球网时就已经算是出界。因此,在球完全通过边线飞向B队一侧球网时,该球出界。

若球在无障碍区触及B队队员身体,而该队员并未有意阻挡对手将球击回A队场区的情况下,仍被视为出界。

【例2】 某队攻手A在后排准备第一次击球时,用一只手的手掌击球。裁判员允许比赛继续。裁判员这样做对吗?

答:第一裁判员的做法是正确的。击球由接球性质来判断,也就是说,看球有没有被接住或抛出。裁判员在这种情况下鸣哨不能太草率,除非他确实看到球被A接住或抛出。

【例3】 在比赛中,A队主攻手扣球被拦回时,该队员试图用前臂垫球,但球从他一只手臂弹到另一只,而后又弹到他的胸前,并且这个动作中球未被接住和抛出。第一裁判员允许比赛继续。这样做对吗?

答:第一裁判员这样做是正确的。这是该队的第一次击球。因此,连续触球发生在一个动作中而且没有将球接住和抛出的情况是合法的。

几种"第一次击球"是连续触球且被允许的情况如下:

第一,接发球。

第二，接进攻性击球。可以是轻击也可以是重扣。

第三，接本方的拦起球。

第四，接由对方拦回的球。

【例 4】 比赛中，A 队一名队员接发球。他将球击过网时，B 队 3 号位队员用拦网动作将球击回 A 队场区，球落地。这是合法的吗？

答：将球直接拦回对方场区是合法的。第一裁判员唯一需要考虑的就是球是被合法的击出还是“接住或抛出”。“持球”也有可能发生在拦网时。

【例 5】 某队 5 号位队员接到由对方 2 号位队员扣过的一记直线重扣，球飞到观众席。6 号位队员跳过无障碍区广告板跑到观众席救球。他的击球动作有持球的“嫌疑”，但观众都被这个精彩的场面吸引。第一裁判员并未鸣哨判其“借助击球”或“持球”对吗？

答：第一裁判员的做法是正确的。规则规定球可以从无障碍区之外被击回。“借助击球”的判罚仅限于比赛场地之内。而每一次触球都要由裁判员进行判别。规则的修改就是鼓励防守以及促进更多精彩场面的出现。

【例 6】 在比赛中，A 队攻手扣出的球打在 B 队拦网队员手上后越过标志杆，球的一部分在过网区外，之后又越过第一裁判员进入 A 队无障碍区。一名 B 队后排队员将球击回本方。司线员举旗示意“出界”，裁判员鸣哨示意 A 队得分。B 队队员争辩球越过标志杆时有一部分在过网区之外，因此再次击球是合法的。第一裁判员的判定是否正确？

答：第一裁判员的判定是错误的。球在越过标志杆进入对方无障碍区时有一部分在过网区之外。因此，B 队队员从同侧过网区之外将球击回本方场区是合法的。在本例中运动员击球时司线员不应该出示任何旗示。

二、球网附近的球与球网附近的队员

（一）规则条款

1. 球通过球网

（1）球必须通过球网上空的过网区进入对方场区。过网区是球网垂直平面的一部分，其范围：

① 下至球网上沿；

② 两侧至标志杆及其延长线；

③ 上至天花板。

（2）球的整体或部分从标志杆延长空间进入对方无障碍区，可以在下列情况将球击回：

① 队员不得触及对方场区；

② 球被击回时，球的整体或部分必须从同侧延长空间通过。对方队员不得阻碍此击球。

2. 球触球网

球通过球网时可以触及球网。

3. 球入球网

(1) 球入球网后，可以在该队的3次击球内再击。

(2) 如果球击破球网或使球网坠落，该球重新进行。

4. 越过球网

(1) 拦网时允许拦网队员越过球网触球，但不得在对方进攻性击球前或击球时妨碍对方。

(2) 进攻性击球后允许手过网，但击球时必须在本方空间。

5. 网下穿越

(1) 在不妨碍对方比赛的情况下，允许队员在网下穿越进入对方空间。

(2) 穿越中线进入对方场区：

① 队员的一只(两只)脚或一只(两只)手部分越过中线触及对方场区的同时，其余部分接触中线或置于中线上空是允许的。

② 队员身体的任何其他部位都不允许接触对方场区。

(3) 比赛中断后队员可以进入对方场区。

(4) 在不妨碍对方比赛的情况下，队员可以穿越进入对方的无障碍区。

6. 触　网

(1) 队员触网不是犯规，但击球时或干扰比赛的情况除外，某些击球可包括实际上没有触及球的击球动作。

(2) 队员击球后可以触及网柱、全网长以外的网绳或其他任何物体，但不得影响比赛。

(3) 由于球被击入球网而造成的球网触及队员，不算犯规。

7. 队员在球网附近的犯规

(1) 对方进行进攻性击球前或击球时，在对方空间触及球或对方队员。

(2) 从网下穿越进入对方空间并妨碍对方比赛。

(3) 越过中线进入对方场区。

(4) 队员击球时或在干扰比赛情况下触及球网或标志杆。

(二) 教学重点

掌握有关球通过球网、球触球网、越过球网、网下穿越、触网以及队员在球网附近的犯规。

(三) 实例分析

【例1】 比赛中，A队的3号位攻手准备扣球，但是该队二传传球失误，球越过攻手而没有其他队员接球，球落地。B队3号位拦网队员在试图拦网时触网，这次触网发生在球落地之前。裁判员鸣哨判定B队拦网队员犯规。第一裁判员的这个判定正确吗？

答：裁判员的判定是正确的。B队的拦网队员完成的是击球动作，即使攻手和拦网队员都没有击到球。

【例 2】 A 队是接发球队，二传从后排插上。一传不到位，二传必须回到后场传球。当他转身准备回后场时轻微触网。裁判员没有鸣哨判定犯规对吗？

答：裁判员这样做是正确的。因为这个离开球网的动作与击球动作是分开的，所以二传的这个触网不算犯规。

【例 3】 A 队队员拦网，B 队攻手击球。A 队队员拦网时，B 队队员扣的球使网碰到 A 队员的前臂。裁判员没有鸣哨判 A 队员的这个动作为触网犯规。这是正确的吗？

答：第一裁判员的做法是正确的。扣球导致球网触及拦网队员不算犯规。如果是拦网队员在拦网动作中触网则为犯规。

【例 4】 A 队二传离网很近跳传球之后落地，当他转身准备防守时触网。第二裁判员没有鸣哨判其犯规，对吗？

答：第二裁判员是正确的。因为 A 队二传转身防守时，他没有击球动作，因而触网不算犯规。

【例 5】 A 队前排二传跳起用单手传由本方后场队员垫来的球，但击球时他的手指在对方场区上空，球也没有完全在对方场区空间，经过二传传球后，球平行于球网飞向本方攻手。裁判员应如何判断？

答：规则规定，比赛队必须在其本场区及空间进行比赛。因此，裁判员应判二传队员过网击球犯规。

【例 6】 B 队拦网队员在 A 队攻手之前触球，因此 A 队攻手没有完成进攻性击球。第一裁判员鸣哨判 B 队拦网队员犯规。第一裁判员的判定正确吗？

答：拦网队员在对方进攻性击球之前在对方场区上空触球是犯规的。第一裁判员的判定是正确的。

【例 7】 A 队攻手扣球时摆腿在网下踢到正在拦网的 B 队队员，使得该队员不能接拦起球从而失掉 1 分。第二裁判员该如何判定？

答：第二裁判员应鸣哨中止比赛，因为 A 队队员干扰了 B 队比赛。这一球应判 B 队得分。

三、发　球

(一) 规则条款

1. 发球的定义

后排右侧队员在发球区将球击出而进入比赛的行动是发球。

2. 首先发球

(1) 第一局和第五局由抽签选定发球权的队首先发球。

(2) 其他各局由前一局未首先发球的队首先发球。

3. 发球次序

(1) 队员发球的次序按位置表上的顺序进行。

(2) 一局的首先发球后，队员按下列规定进行发球：

① 当发球队胜一球时，原发球队员或其替补队员继续发球；

② 当接发球队胜一球时获得发球权并轮转，由前排右侧队员转至后排右侧，到发球区发球。

4. 发球的允许

第一裁判员检查发球队员已握球在手，而且双方队员已做好比赛准备时，鸣哨允许发球。

5. 发球的执行

(1) 球被抛起或持球手撤离后，必须在球落地前，用一只手或手臂的任何部分将球击出。

(2) 球只能被抛起或撤离一次，但拍球或在手中摆弄球是允许的。

(3) 发球队员在击球时或击球起跳时，不得踏及场区(包括端线)和发球区以外地面。击球后可以踏及或落在场区内或发球区以外。

(4) 发球队员必须在第一裁判员鸣哨允许发球后 8 s 内将球发出。

(5) 裁判员鸣哨允许发球前的发球无效。

6. 发球掩护

(1) 发球队员个人或集体不得利用掩护阻挡对方观察发球队员和球的飞行路线。

(2) 在发球时，发球队个人或集体挥臂、跳跃或左右移动，或集体密集站立遮挡了球的飞行路线，构成发球掩护。

7. 发球时的犯规

(1) 发球犯规　发球队有下列犯规应判为发球犯规，即使对方位置错误：

① 发球次序错误；

② 没有遵守"发球的执行"的规定。

(2) 发球击球后的犯规　球被发出后出现以下情况仍作为发球犯规：

① 球触及发球队队员或整体没有从过网区通过球网垂直平面；

② 界外球；

③ 球越过发球掩护。

8. 发球时的犯规与位置错误

(1) 如果发球犯规与对方位置错误同时发生，判发球犯规。

(2) 如果发球击球后的犯规与对方位置错误同时发生，判位置错误犯规。

(二) 教学重点

(1) 掌握发球的有关规定，明确发球掩护犯规的概念。

(2) 熟练掌握发球犯规和发球击球后的犯规的处理方法。

(三)实例分析

【例 1】 比赛中,记录员发现 A 队一名队员走向发球区,替换了发球次序正确的发球队员并完成了发球。在该队员发球击球后,记录员通知第二裁判员使其终止比赛。记录员的这一做法正确吗?

答:记录员的做法是正确的。当发球次序错误的发球队员发球时,记录员必须待其发球动作完成后才能通知裁判员这个错误。记录员可以使用铃、蜂鸣器或其他发声装置通知裁判员。

【例 2】 一场比赛技术暂停之后,次序错误的发球队员准备发球,裁判员鸣哨允许发球后,该队意识到了这个错误,次序正确的发球队员进入发球区准备发球。这时裁判员重新鸣哨允许发球,裁判员这样做对吗?

答:裁判员这样做是错误的。一球中只能有一次发球的允许(通过鸣哨和手势),球必须由发球次序正确的发球队员在 8 s 内发出。

【例 3】 发出的球在接发球队接球之前触及标志杆,第一裁判员鸣哨示意此发球犯规,这个判定正确吗?

答:第一裁判员是正确的。球触及标志杆为“出界”。

四、进攻性击球

(一)规则条款

1. 进攻性击球的定义

(1) 除发球和拦网外,所有直接向对方的击球都是进攻性击球。

(2) 在进攻性击球时,吊球是允许的,但击球必须清晰并不得接住或抛出。

(3) 球的整体通过球网垂直平面或触及对方队员,则认为完成进攻性击球。

2. 进攻性击球的限制

(1) 前排队员可以对任何高度的球完成进行性击球,但触球时必须在本方空间。

(2) 后排队员可以在进攻线后对任何高度的球完成进攻性击球,但是:

① 起跳时脚不得踏及或超过进攻线;

② 击球后可以落在前场区。

(3) 后排队员也可以在前场区完成进攻性击球,但触球时球的一部分必须低于球网上沿。

(4) 接发球队队员不能对处于前场区内高于球网上沿的对方发球完成进攻性击球。

3. 进攻性击球的犯规

(1) 在对方空间击球。

(2) 击球出界。

(3) 后排队员在前场区完成进攻性击球,并且击球时球的整体高于球网上沿。

(4) 对处于前场区内高于球网上沿的对方发球完成进攻性击球。

(5) 后排自由防守队员对高于球网上沿的球完成进攻性击球。

(6) 队员在高于球网处，对同队自由防守队员在前场区用上手传的球完成进攻性击球。

(二) 教学重点

明确进攻性击球及其犯规的概念，熟练掌握其处理方法。

(三) 实例分析

【例 1】 A 队后排二传在该队的第二次击球时，在前场区起跳触球，此时球完全高于球网，他没有将球传给队友而是将球吊入对方场区。在球到达球网的垂直平面之前，B 队队员越过球网垂直平面将球拦住。这时第一裁判员该如何判定？

答：第一裁判员应判 B 队得分。任何直接向对方的击球，除发球和拦网外，都是进攻性击球。

球的整体通过球网垂直面或触及对方队员，则认为完成了进攻性击球。在本例中，球触及拦网队员的一刻，进攻性击球完成。因为这个进攻性击球是由后排队员在前场区在球的整体高于球网处完成的，所以 A 队后排二传的这个进攻性击球是不合法的。

【例 2】 比赛中某队后排队员在进攻线前起跳扣球并且这个球高于球网，是该队的第二次击球。这个球碰到球网上部后弹回本方场区。裁判员对后排队员的这次试图进攻没有判罚。第一裁判员这样做正确吗？

答：球没有通过过网区平面也没有触及对方拦网队员，因而这次进攻性击球并没有完成。该队仍有第三次机会将球击向对方场区。裁判员允许比赛继续的做法是正确的。

【例 3】 A 队后排二传插上组织进攻，在前场区起跳传球时，球完全高于球网。他将球传向队友，在队友触球前，该球越过球网垂直面被 B 队队员拦到。第一裁判员允许比赛继续。这是正确的吗？

答：裁判员的做法不正确。A 队后排二传的这次传球被 B 队队员拦到时，这次进攻性击球完成而犯规。这一球 B 队应得分。

五、拦　网

(一) 规则条款

1. 拦网的定义

拦网是队员靠近球网，将手伸向高于球网处阻挡对方来球的动作。只有前排队员可以完成拦网。

2. 拦网试图

没有触及球的拦网行动为拦网试图。

3. 完成拦网

触及球的拦网行动为完成拦网。

4. 集体拦网

两名或三名队员彼此靠近进行拦网为集体拦网，其中一人触球则完成拦网。

5. 拦网的触球

在一个动作中，球可以连续(迅速而连贯地)触及一名或更多名的拦网队员。

6. 进入对方空间拦网

拦网时队员可以将手或手臂伸过球网，但不得妨碍对方击球。过网拦网的触球必须在对方进攻性击球之后。

7. 拦网与球队的击球

(1) 拦网的触球不算作球队3次击球的一次。

(2) 拦网后可以由任何一名队员进行第一次击球，包括拦网时已经触球的队员。

8. 拦发球

拦对方的发球是被禁止的。

9. 拦网的犯规

(1) 在对方进攻性击球前或击球的同时，在对方空间完成拦网。

(2) 后排队员或自由防守队员完成拦网或参加了完成拦网的集体。

(3) 拦对方的发球。

(4) 拦网出界。

(5) 从标志杆以外伸入对方空间拦网。

(6) 后排自由防守队员试图进行个人或参加集体拦网。

(二) 教学重点

掌握拦网的概念和拦网犯规的处理方法。

(三) 实例分析

【例1】 一场比赛中，A队队员在球网上方拦B队二传传球，而这是B队的第二次击球。但第一裁判员没有鸣哨示意其犯规。拦网队员在球网上方(越过球网)拦对方的"传球"是否合法?

答：这需要第一裁判员确定二传的动作。他必须判定此球是平行球网的传球还是朝向球网的进攻性击球。如果是第一种情况，拦网队员为犯规，因为球不是"飞向对方"。如果被认为是进攻性击球，可以对其进行拦网。根据规则，双手越过球网拦进攻性击球不算犯规。对第一裁判员来说，区分上手传球时是"传球"还是进攻性动作是十分重要的。

【例2】 A队队员接发球，若该队再无人触球，球将直接飞过球网到达对方场区。A队二传准备进行合法传球。B队拦网队员越过球网垂直平面在A队二传触球前将球拦住。第一裁判员判定B队拦网队员拦网犯规。第一裁判员的判定正确吗?

答：第一裁判员的判定是正确的，这个拦网是不合法的。在进攻性击球完成前拦网队员不能越过球网触球，除非第一裁判员认定进攻队没有触球的可能。

【例 3】 在一场比赛中，A 队队员的一记重扣打在 B 队拦网队员的手上，之后球又接连碰到他的头和手后飞向 B 队后场，第一裁判员允许该队救起球后，传球并进攻。第一裁判员允许 B 队 3 次触球后全队又有 3 次触球的做法对吗？

答：第一裁判员是正确的。B 队的 3 次拦网触球是在同一个拦网动作中发生的。他拦网后全队仍然有 3 次击球机会。

【例 4】 比赛中，A 队一名队员一传不到位，球从标志杆外越过中线进入 B 队无障碍空间。A 队二传队员绕过第二裁判员进入对方无障碍区接球。当他绕过网柱外的第二裁判员时，为了更快地追到球抓了一下网柱。裁判员允许比赛继续。这样对吗？

答：第一裁判员这样做是正确的。只要 A 队队员在击球时没有接触网柱，就是合法的。该球是合法而且是精彩的。

第六节　比赛间断与延误比赛

一、比赛间断

(一) 规则条款

1. 正常的比赛间断

正常的比赛间断有“暂停”和“换人”。

(1) 正常间断的次数：每局比赛中，每队最多请求两次暂停和 6 人次换人。

(2) 请求正常间断：

① 只有教练员和场上队长可以请求间断。

请求暂停或换人必须在比赛成死球后、裁判员鸣哨允许发球前，并使用相应的手势。国际排联世界比赛中，必须先使用蜂鸣器然后做出相应的手势。

② 一局开始前请求换人是允许的，但应计算在正常换人次数之内。

(3) 间断的连续：

① 一次或两次暂停可以与双方的各一次换人相连续，中间无须经过比赛过程。

② 同一队未经过比赛过程不得连续提出换人请求，但在同一次换人请求中可以替换两名或更多的队员。

2. 暂停与技术暂停

(1) 所有被请求的暂停时间为 30 s。国际排联世界性比赛的第 1～4 局中，每局另外有两次时间为 60 s 的技术暂停，每当领先队达到 8 分和 16 分时自动执行。决胜局(第五局)没有技术暂停，只有每队可以请求时间为 30 s 的正常暂停。

(2) 在所有的暂停时，比赛队员必须离开比赛场区到球队席附近的无障碍区。

3. 换　人

在裁判员的允许下，一名队员离开比赛场地，而由另一名队员经记录员登记后占据其位置的行为称换人(后排自由防守队员的进出除外)。

(1) 换人的限制：

① 每一局每队最多可换 6 人次。可以同时换一人或多人。

② 每局开始阵容中的队员，在同一局中可以退出比赛和再上场一次，而且只能回到原阵容的位置。

③ 替补队员只能上场比赛一次，替换开始阵容的队员。而且他只能由被他替换下场的队员来替换。

(2) 特殊换人：

某一队员受伤不能继续比赛时(后排自由防守队员除外)，必须进行合法的换人。如果不能进行合法的换人时，可采用超出规则限制的“特殊换人”。

特殊换人时，场外的任何队员除后排自由防守队员或由他/她替换下场的队员外，都可以替换受伤队员，但受伤队员不可在本场比赛中返回场上。

在任何情况下特殊换人都不作为换人的次数计算。

(3) 被判罚出场与取消比赛资格的换人：

某队员被“判罚出场”或“取消比赛资格”时，必须进行合法换人。不能进行合法换人时，该队被宣布为“阵容不完整”。

(4) 不合法的换人：

① 超出规则限制的换人是不合法的换人，“特殊换人”除外。

② 某队进行了不合法的换人，而且比赛已重新开始，应按如下步骤进行处理：

第一，判该队失一球；

第二，对不合法的换人给予纠正；

第三，取消该队在此犯规中所得的分数。

(5) 换人的程序：

① 换人必须在换人区内进行。

② 换人时所持续的时间，仅限记录员登记和队员进出场必需的时间。

③ 在请求换人时，队员必须站在换人区附近并做好进场准备。否则裁判员不接受其请求并判该队延误比赛犯规。国际排联世界性比赛中，队员换人时须使用换人牌。

④ 如果运动队想替换一名以上的运动员，必须在提出请求换人的同时，用手势表明换人的次数。替换时队员一对对相继进行。

(二) 教学重点

(1) 熟练掌握有关暂停、技术暂停和换人的规定。

(2) 掌握对不合法换人的处理方法。

(三) 实例分析

【例 1】 一名教练员请求换人,并出示 3 人次换人的手势,请求被允许后,该教练员决定只换 2 人。这时,第二裁判员该怎么做?

答:只要未造成延误比赛,这是合法的。第二裁判员执行 2 人次换人即可。

【例 2】 第三局比赛中,A 队请求换人。因为队员未准备好进行替换,所以 A 队被延误警告并且被拒绝替换。在延误警告后,A 队教练员紧接着又一次请求换人。这次替换可以被允许吗?

答:这次请求是不合法的。在第一次请求被拒绝之后,球队无权连续第二次请求换人。该队再一次请求换人之前至少要经过一次比赛过程。

【例 3】 某队教练员请求换人。第二裁判员鸣哨允许换人,但是要进行换人的队员却拿着错误的"号码牌"。发现这一错误后迅速地换成了正确的号码牌。第一裁判员给予其延误警告,但仍然允许进行替换。第一裁判员的做法正确吗?

答:裁判员的做法是错误的。延误警告是正确的判罚,但应该拒绝换人。

【例 4】 A 队 6 号队员被取消比赛资格。可以对 6 号队员进行合法换人的队员是 7 号。这是这局比赛 A 队的第一次换人,此时还有 3 名队员坐在球队席。在接下来的一回合中,7 号队员受伤不能继续比赛。第一裁判员允许 A 对其他队员对 7 号进行特殊换人。这样做对吗?

答:受伤的队员应该执行特殊换人的规定,教练员可以用在发生受伤情况时任何一名不在场上的队员进行替换,除了自由人或是替换他的队员。

【例 5】 接发球队 7 号队员被错误地换上场进行了比赛,但该队已经 6 人次换人了,没有合法的换人机会,那么此时合法的程序是什么?

答:接发球队位置错误。规则规定的程序如下:

第一,接发球队失 1 分,发球队得分。

第二,换人被纠正。接发球队 7 号队员离开场区,正确的队员重新回到该位置。这次调整不算作一次换人。但是接发球队 7 号队员进场时所用的那次换人不取消。

第三,接发球队 7 号队员在场上时该队的所有得分均取消,对方的得分保留。

第四,对接发球队没有其他判罚。

【例 6】 接发球队已经 5 人次换人。此时,接发球队教练员请求换人并示意将换 2 人。第二裁判员该怎么做?

答:接发球队已经换人 5 人次,第六次换人的请求是有效的。第二裁判员需要告知该教练员只能换一人并询问将替换哪一人。没有其他判罚。

【例 7】 一场比赛中,教练员请求 2 人次换人。当记录员核对换人情况时发现,第一人的替换合法而第二人的替换是不合法的。此时第二裁判员的正确做法是什么?

答:第二裁判员应该允许合法的换人。任何情况下,不合法的换人请求都应该拒绝。

不合法的换人请求应判“延误比赛”，如果是第一次发生，则应警告，之后的应判罚。

二、不符合规定的请求与延误比赛

（一）规则条款

1. 不符合规定的请求

（1）下列情况为不符合规定的请求：

① 在比赛进行中或裁判员鸣哨允许发球的同时或之后提出请求；

② 无请求权的成员提出请求；

③ 同一队没有经过比赛过程再次请求换人；

④ 超过规定的正常间断次数的请求。

（2）比赛中第一次没有影响和延误比赛的不符合规定的请求，应给与拒绝而不进行判罚，但同一场比赛中不能再次发生。

（3）比赛中再次提出不符合规定的请求应判延误犯规。

2. 延误比赛

（1）延误比赛：一个队拖延比赛继续进行的不当行为。它包括：

① 延误换人时间；

② 在裁判员鸣哨恢复比赛后，拖延暂停时间；

③ 请求不合法的换人；

④ 再次提出不符合规定的请求；

⑤ 球队成员拖延比赛的继续进行。

（2）对延误比赛的判罚：

① “延误警告”和“延误判罚”是对全队的延误比赛的判罚。延误比赛的判罚对全场比赛有效。所有延误比赛的判罚都记录在记分表上。

② 在一场比赛中，对一个队的成员的第一次延误比赛，给予“延误警告”。

③ 在一场比赛中，同一队的任何成员造成不论任何类型的第二次以及其后的延误比赛，都给予“延误判罚”。

④ 局前和局间的延误比赛判罚记在下一局中。

（二）教学重点

掌握对不符合规定的请求及延误比赛的处理方法。

（三）实例分析

【例1】 比赛中，A队已经用完了一局的2次暂停，而该队场上队长请求第三次暂停，第二裁判员允许了这次请求。暂停后记录员发现这是第三次暂停并将这一情况告诉第二裁判员。此时正确的程序是什么？

答：第三次暂停的请求是不符合规定的请求，应该立即拒绝，但无判罚。本例中已经开始的暂停应立即结束。第一裁判员应告知场上队长,并因为这一行为影响和延误了比赛而给予延误警告。

【例2】 比赛中A队教练员按蜂鸣器并给出正确的手势请求换人。但是这一行为出现在第一裁判员鸣哨示意A队发球后,比赛停止,第一裁判员轻微摇手表示拒绝这次请求。而此时,要互相替换的2名运动员已经站在换人区附近准备替换。第一裁判员示意A队发球,但在发球击球时,第二裁判员鸣哨示意发球队位置错误,因为有7名运动员在场上。

在第一裁判员与第二裁判员简短地讨论后,第一裁判员示意B队得分并获发球权,这是正确的裁定吗?

答:这是不符合规定请求的典型案例。

换人请求应予以拒绝,因此造成的比赛中断和混乱,A队应受到延误处罚。

再看第二裁判员的行为,第二裁判员没有裁定发球队的位置错误的职责和权力。在本例中,因为第二裁判员鸣哨,所以必须由A队重新发球。

三、例外的比赛间断

(一) 规则条款

1. 受 伤

(1) 比赛中出现严重受伤事故,裁判员应该立即中断比赛,允许医务人员进入场地。该球重新比赛。

(2) 如果受伤队员已不能进行合法换人和特殊换人,则给予受伤队员3 min的恢复时间。一场比赛同一名队员只能给予一次供恢复的时间。

如果队员不能恢复,则该队被宣布为阵容不完整。

2. 外因造成的比赛中断

比赛中出现任何外界干扰,都应停止比赛,该球重新比赛。

(1) 任何意外情况阻碍比赛继续进行时,第一裁判员将与比赛组织者共同研究决定,采取措施尽快恢复比赛。

(2) 一次或数次间断时间累计不超过4 h:

① 如果比赛仍在原地进行,则间断的一局应保持原比分、原队员和原场上位置。已结束的各局比分保留。

② 如果比赛改为其他场地进行,则间断的一局应取消,但保持该局开始时的阵容和位置重新比赛。已结束的各局比分保留。

③ 一次或数次间断时间累计超过4 h,全场比赛重新开始。

(二) 教学重点

(1) 掌握对受伤的处理方法。

(2) 熟练掌握因外因造成的比赛中断的处理方法。

（三）实例分析

【例 1】 在世界杯男排比赛中，荷兰队二传在防守时伤到膝盖。当他躺在地板上时，该队教练员围在他身边，为其检查伤势。经过 2 min 的治疗，荷兰队二传队员宣布他可以继续参加比赛。于是裁判员示意比赛继续，第一裁判员允许荷兰队二传队员留在场上进行治疗的做法正确吗？

答：如果队员受伤严重，为了运动员的安全，第一裁判员应立即停止比赛并允许医护人员进场。如果受伤严重到需要教练员进场协助，则该队员应被换下场至少一个回合的时间。第一裁判员作决定的原则就是给予队员合理的时间已确定受伤程度，并对这一时间加以限制。受伤队员被换出场必须通过合法换人程序。如果不能进行合法替换，则必须进行特殊换人。

【例 2】 在一局比赛中，A 队已经 5 人次换人。一名 A 队队员是开始上场阵容中的队员，被换下场后又重新上场，之后受伤。用特殊换人将这名队员换下场。A 队教练认为如果判定这次换人作为该队的第六次换人，那么在这局中将没有换人机会了。A 队教练请求裁判员对这次判定进行解释。那么，正确的解释应该是什么？

答：受伤队员可以通过“特殊换人”而换出场。A 队教练员可以用受伤发生时不在场上的任意队员将其换下，除了自由防守队员和替换他的队员。特殊换人不作为合法换人的次数计算。所以 A 队的换人次数没变。

【例 3】 男排世界杯，巴西队与日本队第三局比赛开始之前，第一裁判员鸣哨示意队员上场站在自己的正确位置上。日本队未上场，而且动作缓慢，第一裁判员因此给予其延误警告。第一裁判员的做法正确吗？

答：第一裁判员的做法是正确的。球队必须按照裁判员的要求上场站位，如果拖延比赛，第一次裁判员必须给予其延误警告，这要记录在记分表上。如果该队仍旧这样，则给予其延误判罚，出示黄牌。如果该队还继续这样，则认为该队拒绝比赛，宣布其弃权，比赛结束。

如果球队在暂停后回到场地的速度过慢，则同样依据上述程序。

【例 4】 在得 1 分后，巴西女排队员围成一圈讨论下一球的战术。裁判员已经给予其回到原位的足够时间，但她们并没有立即散开。于是裁判员鸣哨给予巴西队员延误警告，第一裁判员的做法是否正确？

答：第一裁判员的做法是正确的。规则没有要求裁判员给予队员超出合理的更多时间使其回到其正确位置准备下一球。裁判员必须作出正确判断。他可以允许队员之间适当的欢呼庆祝，但不能允许因此而延误比赛。

【例 5】 一局比赛中，在一球完成后的比赛间断期间，观众因对裁判员判决的抗议而跑进场区。此时，裁判员该怎么做？

答：第一裁判应暂停比赛，请赛会组织者维持比赛秩序。这一中断需记录在记分表上。

四、局间休息与交换场区

(一) 规则条款

1. 局间休息

所有局间休息均为 3 min。局间休息用于交换场区和在记分表上登记球队的阵容。应比赛组织者的要求，第二、三局之间的休息时间可延长至 10 min。

2. 交换场区

(1) 每局结束后比赛队交换场区，决胜局除外。

(2) 决胜局中某队获得 8 分时两队交换场区，不休息，队员在原来的位置继续比赛。如果未能及时交换场区，则应在此错误发现时立即交换，保留交换场区时两队已得的比分。

(二) 教学重点

掌握被拖延的中断、局间休息、交换场地的处理方法。

第七节　后排自由防守队员

一、规则条款

(一) 后排自由防守队员的确定

(1) 各队可以在确定的 12 名队员中，确定 1 名队员为后排自由防守队员。

(2) 比赛前，必须将后排自由防守队员登记在记分表的专栏中。

(3) 后排自由防守队员不能担任队长和场上队长。

(二) 后排自由防守队员的服装

后排自由防守队员必须穿着有别于其他同队队员颜色的上衣(或后排自由防守队员的专门服装)，样式可以不同，但必须有与全队一样的号码。

(三) 后排自由防守队员的行为

1. 比赛行为

(1) 他可以替换在后排的任何一名队员。

(2) 作为特殊的后排队员，他不可在任何的位置上(包括场区和无障碍区)对整个球体高于球网的球完成进攻性击球。

(3) 他不可以发球、拦网和有拦网试图。

(4) 如果他在本队的前场区运用了上手传球，则不允许其同伴在高于球网处完成对该球的进攻性击球。但他在其他区域的传球无碍。

2. 替　换

(1) 后排自由防守队员的替换不记在该队的换人次数之内，而且没有次数限制。但两次替换之间必须经过比赛过程。替换他的队员必须是由他替换出场的队员。

(2) 替换必须在比赛成死球后，第一裁判员鸣哨允许发球前进行。比赛开始前，第二裁判员核查完位置后，允许后排自由防守队员进行替换。

(3) 裁判员鸣哨发球后，发球队员击球前，替换不被拒绝，但死球后必须给予口头告诫。如果再次发生应按延误比赛判处。

(4) 替换只能在进攻线与端线之间球队席前的边线处进行。

3. 新后排自由防守队员的指定

(1) 经第一裁判员的同意，教练员或队长可指定任何一名队员替换受伤的后排自由防守队员。本场比赛中被替换的受伤的后排自由防守队员，不能再次上场比赛。被指定替换他的队员，按照后排自由防守队员的规定完成本场比赛。

(2) 新指定的后排自由防守队员的号码，必须记在记分表的备注栏内。

二、教学重点

掌握后排自由防守队员的替换和比赛行为的规定。

三、实例分析

【例 1】 美国男排自由防守队员 A 在 5 号位，美国队赢得下一球并轮转，自由防守队员被开始上场阵容中的队员 B 替换。在该球开始之前，美国队教练员决定换人，经过正式的换人过程，队员 C 将 B 换出场。这些发生在同一比赛间断中。第一裁判员可以允许这两次换人吗？

答：换人过程是正确的。但是使用“换人”的术语是错误的。自由防守队员是“替换”B，这个过程不是“换人”，而是“替换”(之后队员 C 与 B 之间的过程是“换人”)。因此在这个比赛间断期间只进行了一次换人。

【例 2】 比赛中，某队出现以下情况。自由防守队员替换 1 号位队员，之后该队员又重新上场比赛。替换发生在裁判员鸣哨发球之后，但是在发球队员击球之前完成。第一裁判员该如何裁定？

答：第一裁判员应允许比赛继续而不间断。但在这一球完成之后对刚才的替换进行口头警告。以后出现此类情况，应中断比赛，立即进行延误判罚。但是，如果替换发生在发球击球之后，第一裁判员应立即鸣哨判定为位置错误。

【例 3】 比赛中，一名防守队员在前排 4 号位，3 个球之后，第一裁判员发现此错误，此时，他应如何判定？

答：发球队员未发球时自由防守队员不算位置错误。如果自由防守队员应该坐在球队席上时，却在场上比赛，则辅助记录员应将这一情况通知裁判员。在辅助记录员的帮助下，裁判员应该立即确定自由防守队员的位置从何时起发生错误。

位置错误的球队将被判罚失 1 分，并要将发生位置错误后所得的所有分数取消。纠正其场上队员位置后继续比赛。

【例4】 一球结束后，自由防守队员被上场队员替换。裁判员鸣哨允许下一球开始。发球队员击球后，场外的另一个球意外进入球场，第一裁判员鸣哨示意“争球”。在重新开始该球前，自由防守队员试图替换刚上场的队员，但第二裁判员让他回到球队席。这种做法正确吗？

答：第二裁判员的做法是正确的。因为该球被取消，所以在两次自由防守队员的替换之间仍然没有经过比赛过程。

第八节　参赛者的行为

一、规则条款

(一) 符合体育道德的行为

(1) 参赛者必须了解并遵守规则。

(2) 参赛者必须以良好的体育道德作风服从裁判员的裁定，不允许争辩。如果有疑问，可以并只能通过场上队长提请解释。

(3) 参赛者不得有任何目的在于影响裁判员判断，或掩盖本队犯规的动作和行为的表现。

(二) 公正竞赛

(1) 参赛者的行为必须符合“公正竞赛”的精神，不仅对裁判员，而且对其他工作人员、对方、本方以及观众都要尊重、有礼貌。

(2) 比赛中队的成员之间的交流是允许的。

(三) 不良行为以及判罚

表6-1　不良行为判罚等级表

种　类	发生次数	违反者	判　罚	牌	结　果
粗鲁行为	第一次	任一成员	判罚	黄	失1球(失1分)
	第二次	同一成员	判罚出场	红	该局比赛离开比赛场地坐在判罚区
	第三次	同一成员	取消比赛资格	红＋黄	该场比赛离开比赛控制区
冒犯行为	第一次	任一成员	判罚出场	红	该局比赛离开比赛场地坐在判罚区
	第二次	同一成员	取消比赛资格	红＋黄	该场比赛离开比赛控制区
侵犯行为	第一次	任一成员	取消比赛资格	红＋黄	该场比赛离开比赛控制区

1. 轻微的不良行为

对轻微的不良行为不进行判罚，但裁判员有责任用手势或口头通过场上队长给予警告。这个警告无需记在记分表上。

2. 给予判罚的不良行为

球队成员对裁判员、对方、同伴或观众的不良行为，根据其程度分为3类。

(1) 粗鲁行为：违背道德准则和文明举止，或有侮辱性表示。

(2) 冒犯行为：诽谤或侮辱的言语或形态。

(3) 侵犯行为：人身侵犯或企图侵犯。

3. 判罚等级

第一裁判员根据不良行为的程度，分别给予如下判罚，并记在记分表上：

(1) 判罚：用于全场比赛中任一成员的粗鲁行为，判该队失1球。

(2) 判罚出场：

① 任何成员被判罚出场，都必须坐在判罚区域内，不得继续参加该局的比赛，没有另外的判处。教练员被判罚出场，坐在判罚区域内，失去该局的指挥权利。

② 某成员第一次出现冒犯行为，判罚出场，无其他判罚。

③ 同一成员在一场比赛中的第二次粗鲁行为，判罚出场，无其他判罚。

(3) 取消比赛资格：

① 任何成员被取消比赛资格，必须离开比赛控制区域，不得继续参加该场的比赛，没有另外的判处。

② 某成员第一次出现侵犯行为，取消比赛资格，无其他判罚。

③ 同一成员一场比赛中的第二次冒犯行为，取消比赛资格，无其他判罚。

④ 同一成员一场比赛中的第三次粗鲁行为，取消比赛资格，无其他判罚。

4. 判罚的实施

(1) 不良行为的判罚是针对个人的，对全场比赛有效，记录在记分表上。

(2) 同一成员在同一场比赛中重犯不良行为时，按判罚等级加一级判罚(该成员接受的判罚要重于前一次)。

(3) 对冒犯行为或侵犯行为的判罚出场或取消比赛资格，无须有先一次的判罚。

5. 局前与局间的不良行为

任何局前与局间的不良行为，都应记录在下一局中。

6. 红黄牌的使用

警告：口头或手势，无牌。

判罚：黄牌。

判罚出场：红牌。

取消比赛资格：红牌+黄牌(同持于一手)。

二、教学重点

掌握对不良行为的判罚方法与判罚等级。

三、实例分析

【例 1】 一球比赛结束后，一名情绪激动的队员用脚踢球。第一裁判员及时给予轻微不良行为的警告。第一裁判员这样做对吗？

答：第一裁判员的做法是正确的。

第一裁判员必须控制类似的轻微不良行为的发生。

另外，如果这名队员踢球伤到其他队员、工作人员或观众，或出现粗鲁行为，第一裁判员必须按粗鲁行为进行判罚，对其出示黄牌。记录员必须将出现粗鲁行为队员的号码登记在记分表判罚栏内。

第一裁判员可以对出现轻微不良行为的队员进行口头警告，也可以通过场上队长对连续出现轻微不良行为的球队进行口头警告。当出现的行为过于恶劣时，第一裁判员有权直接对其行为进行判罚。

【例 2】 比赛中，某队教练员在一球结束后，站起来并挥舞双臂表示对裁判员的判罚不服。这是允许的吗？

答：允许教练员有一定程度的正常反应。如果这种反应是轻微不良行为，裁判员应对该教练员提出警告。如果再一次出现这种行为，他将会因为粗鲁行为被第一裁判员黄牌判罚。

【例 3】 一名队员由于对拦网触网的判定不满意而表现出愤怒的情绪，拉动球网。第一裁判员令他回到正确的位置。但是这名队员在裁判员提出警告之后，走到裁判员面前大声喊叫并且动作粗鲁。第一裁判员认为这一行为是冒犯行为，出示红牌，将这名队员判罚出场。第一裁判员的判罚是否正确？

答：第一裁判员的判罚是正确的。他试图通过警告这名运动员并令其回到正确位置以解决问题，但是不奏效。规则规定，第一裁判员可以根据不良行为的程度给予判罚。出现粗鲁行为，将得到粗鲁行为的判罚，使出现该行为的球队失 1 分。当出现更加严重的行为时，队员将因为他的冒犯行为被判罚出场。当出现侵犯行为时，运动员将被取消比赛资格。需要注意的是，出现粗鲁行为的球队失 1 分，而出现冒犯行为与侵犯行为没有失 1 分的判罚。

第九节　沙滩排球与 6 人排球竞赛规则的主要区别

虽然沙滩排球是排球的一种，但它在运动员人数、基本技术、比赛形式和一些自然条件方面与室内排球有根本的区别，所以导致沙滩排球和室内排球的竞赛规则不同。担任沙滩排球比赛的裁判员应熟知规则，并能及时了解规则的变化，以便在整个比赛过程中准确地运用和执行规则。

(一) 比赛场地、器材与设备

1. 场 地

沙滩排球比赛场地包括比赛场区和无障碍区，如图 6－5 所示。比赛场区为长 16 m、宽 8 m的长方形。其四周至少有 3 m 宽的无障碍区。场地的地面是水平的沙滩，沙滩至少 40 cm 深并由松软的细沙组成。场区界线由抗拉力材料的带子构成，固定界线的材料是柔软和有弹性的。比赛场地不得有任何可能伤害队员的安全隐患。

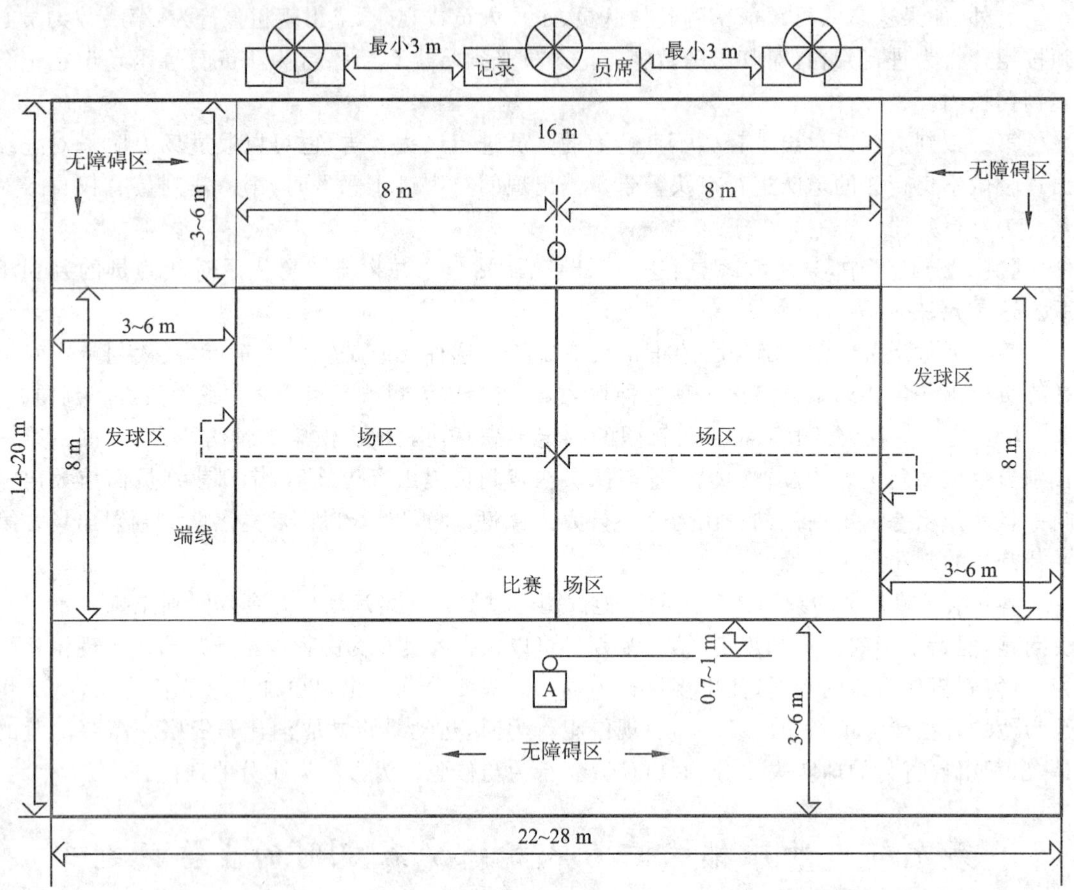

图 6－5 沙滩排球比赛场地

2. 球网和网柱

沙滩排球的球网规格如图 6－6 所示。球网的高度男子为 2.43 m，女子为 2.24 m。裁判员一定要在沙子被平整后再检查球网的高度。

网柱和裁判椅必须用柔软物体包裹起来，以免因裸露的坚硬物体对运动员造成伤害。

球网设在场地中线的中心线的垂直上空，拉紧时长 8.5 m。网柱固定在两条边线外

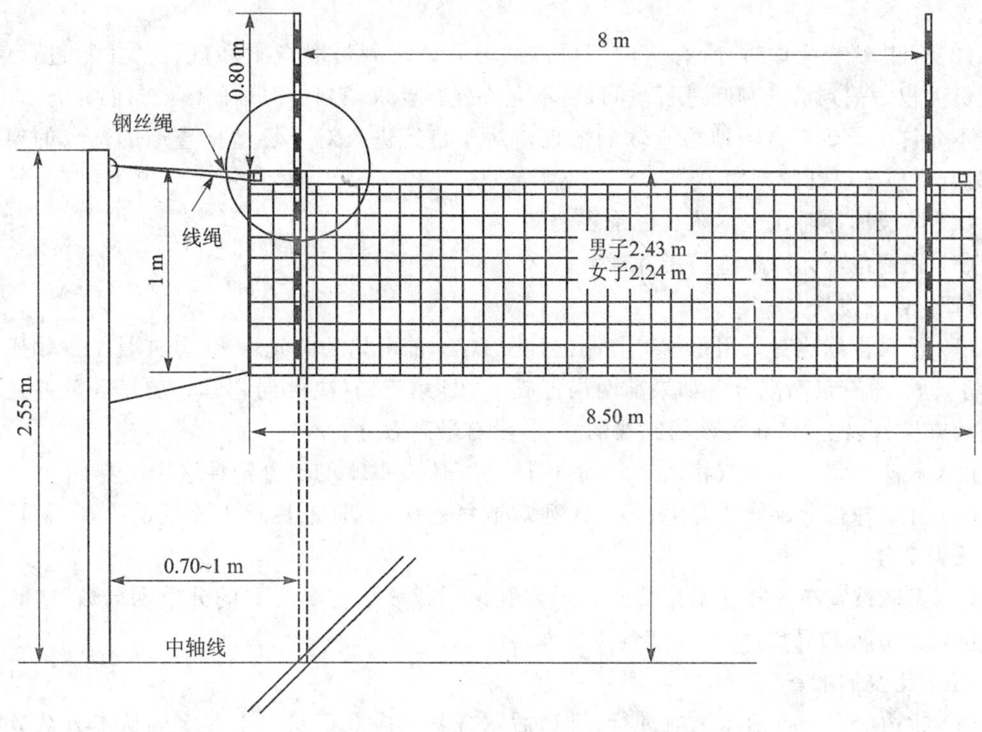

图 6-6　沙滩排球的球网规格

0.7～1 m 的地方。

3. 球

比赛用球由组办者提供，运动员没有权力决定比赛用球。全天比赛使用球的气压和质量要一致。

(二) 比赛队和队员的服装

每队只有登记在记录表中的两名队员可以参加比赛。每队有一名队员担任队长，队长须在记录表中标出。

队员必须穿着符合规则的比赛服装。运动员的比赛服装包括：上衣、短裤或泳装，以及帽子、太阳镜等。运动员穿着服装号码(1 或 2)要与记录表上登记的一致。

第一裁判员有权同意运动员穿袜子或鞋进行比赛。允许穿袜子或鞋比赛是由于场地沙子可能导致队员受伤。禁止队员佩戴可以给运动员增加外力的装备或可能导致本人或他人受伤的物品。

(三) 参加者的权利和责任

(1) 参加者有责任了解沙滩排球规则并遵守规则。

(2) 参加者不得以任何行为掩盖错误，包括裁判员鸣哨中止比赛后，企图掩盖球在沙上的落点。

(3) 当比赛成死球时，所有队员都可以询问并请裁判员对规则和规则的执行进行解释。但队员无权对裁判员的判断进行质问，更不允许强行要求裁判员对球的落点进行审核。

不允许队员到对方场地检查球的落点。对于自行进入对方场地检查球的落点的粗鲁行为，裁判员应予以红牌判罚。

(4) 队长抽签时代表本队在记录表上签字。

(5) 比赛中不允许教练员指挥球队。

(四) 计分方法

(1) 沙滩排球比赛采用每球得分制的计分方法，前两局某队先得 21 分并且至少领先对方 2 分将获胜，没有最高限分。如果前两局打成 1∶1，第三局(决胜局)某队先得 15 分并且至少领先对方 2 分以上，将获得该场比赛的胜利，没有最高限分。

(2) 某队被宣布为弃权将以 0∶2 的比局，0∶21，0∶21 的比分输掉这场比赛。

(3) 在每球得分制的比赛中，每一次死球或每一次判罚(不良行为或延误比赛判罚)都将使某队失 1 分。

(4) 某队被宣布为阵容不完整应给对方胜该局或该场比赛必要的分数和局数，本队只保留其已得的分数和局数。

(五) 比赛的准备

(1) 挑边应在准备活动之前进行，挑边后双方队长应在记录表上签字确认本方队员的名字和号码(1 或 2)、发球顺序和场区。

(2) 由于某队在比赛正式开始之前还未到场，裁判员不应主观认为该队不会到场。在队长签字之前，一定要完成记录表的准备工作，组织进行挑边，队员做完整足时的准备活动。正式准备活动开始和结束时都应鸣哨，然后鸣哨双方开始比赛。如某队这时阵容还不完整，即判弃权。

(六) 队的阵容

每队参加比赛只有两名运动员，不能多也不能少。因此没有换人，不允许更换运动员。

(七) 队员的位置

(1) 队员可以站在本场区的任何位置进行比赛，因此在发球时没有位置错误。

(2) 如果发球队员次序错误，事先记录员或第二裁判员或第一裁判员已经将正确的发球次序通知了他，应判该队失去发球权和已得的分数。

(八) 比赛的状态

(1) 第一裁判员鸣哨允许发球，发球队员击球，即开始进入比赛状态。

(2) 比赛回合中任何一名裁判鸣哨则比赛中止，裁判员一定要在犯规出现的那一刻鸣哨中止比赛(如球“界内”或“界外”)。

(3) 裁判员必须记住球的落点全部在线外才是界外，由于沙包使界线稍微凸起而导致球在落地前触到一点界线，也视为“界内”球。裁判员应注意到沙滩排球场地界线是可以移动的，但这不应影响其判断，判断的依据就是球是否触到界线。

(4) 队员将球从标志杆外击向对方无障碍区，另一名队员可以将此球从标志杆外再击回本方。

(九) 比赛中的犯规

(1) 裁判员一定要根据正式的沙滩排球规则判断犯规和进行判罚。

(2) 如果两个或多个犯规连续发生只判罚第一个犯规，因此当发现犯规时裁判员立即鸣哨是非常重要的。如果两个裁判都鸣哨中止比赛，则以第一个鸣哨的判断为准。

(3) 如果双方同时出现犯规，则判双方犯规，该球重新进行。

(十) 比赛中的击球

(1) 球队将球从球网上空击回对方前最多可击球 3 次。如果同队的两名队员同时触到球算作击球 2 次(拦网除外)，其中任何一名队员都可以再击这个球，这次击球为第三次击球。

(2) 如果双方队员在网上同时击球后比赛继续进行，球落在哪一方，哪一方可以再击球 3 次。

(3) 双方队员在网上同时击球后球从本方出界，该球判对方击球出界。如果同时击球后球触到标志杆，则重新发球。

(4) 如果在网上双方队员同时击球，则允许“持球”，比赛继续进行。

(5) 球必须清晰地击出，不能接住或抛出。球可以向任何方向弹出。

例外：在沙滩排球中有多种不同的传球方法，用上手传对方扣过来的急难球可以有短暂的停留。

(6) 在比赛场地内不允许队员借助同伴或其他物体进行击球。

(7) 身体的任何部位都可以触球(发球除外)。

(十一) 发 球

(1) 发球顺序一旦确定，该队就必须在该局按照这个顺序发球。记录员必须举起号码牌(1 或 2)显示正确的发球队员的号码，所以不应该出现发球顺序错误。除非队员坚持其错误，此时按发球顺序错误判罚。

(2) 发球队员发球前可以不在发球区内，但他击球时或发球起跳时，脚只要不触及发球区以外的底线或场地就可以。球被击出后发球队员可以落在场地的任何地方。

(3) 发球队员的脚插在界线下的沙子里面进行发球是犯规的。但裁判员要注意因为运动员的脚推动沙子导致界线移动，不一定是犯规。

(4) 如果对方队员提出本队的队员形成发球屏障，那么这名队员必须移开或弯下身体使对方能够清楚地看到发球队员。因此没有发球掩护犯规。双方都有权利指出对方形成发球屏障，队员可以用手势也可以用语言在鸣哨允许发球前向第一裁判员提出。

（十二）进攻性击球

（1）张开手用手指“吊球”将球直接击到对方场区为犯规，而用手指戳或指关节击球又是被允许的。

（2）队员可以用上手传球完成进攻性击球。向前传、向后传都是被允许的（只要所传球的飞行轨迹与双肩连线垂直）。

（3）拦发球为犯规。队员不能对整体高于球网上沿的发球进行进攻性击球，这种击球为犯规。

（十三）拦　网

（1）拦网是队员靠近球网将手伸向高于球网处阻挡对方来球的行为。

（2）沙滩排球拦网的触球也算作球队的一次击球。

（3）拦网后的第一次击球可以由本队的任何一名队员完成，包括拦网时已经触到球的队员，这次击球被算作球队的第二次击球，因为拦网的触球被算作该队的第一次击球。

（十四）暂　停

（1）每局每队最多有一次暂停，每次暂停时间为 30 s。

（2）当比赛成死球时，在第一裁判员的鸣哨发球前任何一名队员都可以请求暂停。队员在请求暂停时一定要用正式的暂停手势。

（3）前两局比赛中，当双方比分累积为 21 分时，有一次技术暂停。

（十五）比赛的延误

（1）延误比赛的情况有以下几种：

① 拖延暂停或交换场区的时间；

② 在同一局中再次提出不符合规定的请求；

③ 试图减慢比赛的节奏；

④ 再次询问已使用的暂停次数；

⑤ 没有经过同意拖延发球与上一次死球之间的 12 s 间隔时间；

⑥ 对裁判员的判罚询问过长或在未进入抗议程序的情况下拒绝发球。

（2）在一局中对某队的第一次延误给予延误警告。

（3）同一局中同一队任何类型的第二次延误和第二次以后的延误给予延误判罚。

（十六）意外的比赛间断

（1）比赛中只要裁判员看到队员受伤应立即中断比赛，该球重新开始。

（2）受伤队员可以获得 5 min 的恢复时间，但每名运动员每场比赛只能请求一次受伤暂停。裁判员必须清楚运动员受伤的情况和程度，不允许队员滥用这条规则。

（3）如果 5 min 的恢复时间结束后，受伤队员还不能重新比赛，则该队被宣布为阵容不完整。

（4）由于气温、光线和天气状况可能对运动员产生危险或不能在正常条件下进行比赛，赛会组委会有权决定中断比赛。

（十七）交换场区和局间休息

(1) 比赛中,每当比赛双方比分累积达 7 分或 7 分的倍数(第三局为 5 分或 5 分的倍数)时,双方将马上交换比赛场区。如果球队没有及时在积 7 分或 7 分的倍数时交换场区,则在发现后及时交换,保留所得分数。

(2) 交换场区时没有间歇,比赛双方应尽快交换比赛场区。

(3) 在两局比赛之间有 1 min 的局间休息时间。在第一局与第二局之间的比赛间歇,由第二裁判员负责询问双方队对发球、接发球或场区的选择,以及发球次序是否与第一局一致。在第二局和决胜局之间,第一裁判要主持新的挑边。

第七章 排球裁判法的教学与实践

第一节 排球比赛中裁判员的作用

排球裁判员是排球比赛的组织者和排球规则的执行者。裁判员的执法水平直接影响着运动员技战术水平的发挥和比赛的有序进行。因此,裁判员一定要熟悉规则,熟记规则条文,领会规则的精神实质,在比赛中公平、公正、准确、熟练地运用规则,有效地组织比赛,把握比赛的流畅性。同时,还要对比赛中不文明的行为进行判罚,行使规则的教育功能。总之,裁判员必须以“严肃、认真、公正、准确”作为裁判员工作的基本准则,深入加强对排球规则的学习和研究,不断促进和推动排球运动的健康发展。

第二节 排球裁判员运用规则的基本原则

(一) 创造良好公平的比赛条件

在排球比赛中只有保证比赛公正、准确,创建良好的比赛秩序,才能使运动员充分信任和理解裁判员的判罚,才能使运动员在比赛中淋漓尽致地发挥技术和战术水平。

(二) 鼓励精彩比赛场面的出现

排球运动兼具竞技性和娱乐性,在不违反规则实质的情况下,要保持比赛的连贯性,使观众充分享受排球运动的趣味性和观赏性,推动排球运动的普及和开展。

(三) 加强裁判员之间的合作

较好地完成一场排球比赛的执法是裁判员之间通力合作的结果。在一场排球比赛中裁判员各有分工,位置固定,观察角度有一定局限,只有裁判员之间相互配合,互相补台,才能有利于第一裁判员作出准确的判断。

第三节 排球裁判员的临场判断与配合

一、裁判员与工作程序

(一) 裁判员的组成

1. 正式比赛

国际、国内大型正式比赛中,各类人员的组成如下:

第一裁判员、第二裁判员、记录员（2 名）、司线员（2～4 名）、播音员、记分员（手动或电动）、捡球员（6 名）、擦地板人员（6 名）。

2. 非正式比赛

地区比赛、基层比赛，根据实际情况安排最基本组成：第一裁判员、记录员各 1 名，或第一裁判员、第二裁判员、记录员各 1 名。

（二）工作程序

比赛中只有第一裁判员和第二裁判员可以鸣哨。

（1）如第一裁判员鸣哨中止比赛，他应指出：

① 应发球的队；

② 犯规的性质；

③ 犯规的队员（必要时）。

第二裁判员跟随并重复其手势。

（2）如第二裁判员鸣哨中止比赛，他应指出：

① 犯规的性质；

② 犯规的队员（必要时）；

③ 跟随第一裁判员指出发球方向。

（3）如双方犯规，他们要指出：

① 犯规的性质；

② 犯规的队员（必要时）；

③ 应发球的队。

二、裁判员的权力与职责

（一）第一裁判员

1. 位　置

第一裁判员站在面对记录台球网一端的裁判台上，他的视线水平至少高于球网上沿 50 cm，可根据个人习惯自行调节高度。

2. 权　力

第一裁判员是整场比赛的领导者、组织者，他对所有裁判员和比赛队成员行使权力。他有权决定涉及比赛的一切问题，包括规则中没有规定的问题。

具体权力：比赛最终判定权；对错误判断的改判权；对不称职裁判员的撤换权；对规则及执行等问题的解释与处理权；对捡球员和擦地员的掌管权；对不良行为和延误比赛的判罚权；允许场上队长提出符合规则规定的抗议声明。

3. 职　责

比赛前检查场地、器材、比赛用球，主持双方队长的抽签，掌握两队的准备活动情况。对不良行为和延误比赛进行判罚，向球队提出警告，并对以下犯规进行判定：

(1) 发球犯规和发球队位置错误，包括发球掩护。

(2) 比赛击球的犯规。

(3) 高于球网和球网上部的犯规。

(4) 后排队员和后排自由防守队员的进攻性击球犯规。

(5) 后排自由防守队员在其前场及延长区上手传球后，同伴完成进攻性击球。

(6) 球从网下空间穿越。

比赛后检查记分表并签字。

(二) 第二裁判员

1. 位　置

第二裁判员站在第一裁判员对面记录台前，比赛场区外的网柱附近。

2. 权　力

第二裁判员是第一裁判员的助手，协助第一裁判员组织好比赛。

具体权力：需要时代替第一裁判员工作；可以用手势指出他职权以外的犯规，但不得鸣哨，也不得向第一裁判员坚持自己的判断；掌管记录员工作；监督球员席和准备活动区球队成员的行为；允许比赛间断的请求，掌握间断时间和拒绝不符合规定的请求；掌握暂停和换人的次数并将第二次暂停和第五、六次换人告诉第一裁判员和有关教练员；发现队员受伤，允许特殊换人或给予 3 min 的恢复时间；管理捡球员、擦地员，以及比赛用球和比赛场地；监督判罚区受罚成员，并将不良行为报告给第一裁判员。

3. 职　责

每局开始、决胜局交换场地及任何必要时候，检查场上队员的实际位置是否与位置表相符，对以下犯规作出判断，鸣哨并做出手势：

(1) 网下穿越进入对方场区和空间；

(2) 接发球队位置错误；

(3) 队员触网；

(4) 后排队员完成拦网或后排自由防守队员试图拦网犯规；

(5) 球触及场外物体、地面(第一裁判员未发现)、第二裁判员一侧的标志杆；

(6) 球整体或部分从第二裁判员一侧过网区外过网。

比赛结束后在记分表签字。

(三) 记录员

1. 位　置

坐在第一裁判员对面的记录台处，面对第一裁判员执行职责。

2. 职　责

根据规则要求，与第二裁判员配合，填写记分表。

3. 排球比赛记录工作方法

比赛前记录员应当在如图 2－5 和图 2－6 所示的记分表上填写好以下内容(表 7－1～7－6均为从排球比赛记分表中截取的部分表格)，即表 7－1 和表 7－2 中的内容。

表 7－1　记录表 1

比赛名称：	2008年北京市青少年排球锦标赛			日期 2,6,1,1,0,8 日 月 年	时间 1 9 0 0 时 分
城市 场馆	北京市 朝阳体育馆	组/阶段 A/2	场次 1,6	A&B Ⓐ 朝阳	比赛队 对 海淀 Ⓑ A&B
性别：男 ☒ 女 ☐	类别：成年 ☐	青年 ☒	少年 ☐		

表 7－2　记录表 2

APPROVAL				
Referees	Name		Country	Signat
1st	OLIVEIRA		BRA	
2nd	CESARE		ITA	
Scorer	MOULA		GRE	
Assistant Scorer	ONOPAS		GRE	
	SEARLE 1	Line Judges	2 PADRO	
	GUTIERRZ 3		4 VEGA	
	Ⓐ	Team Captains	Ⓑ	

确认比赛结果				
裁判员	姓名		国籍	签名
1st				
2nd				
记录员				
辅记员				
	1	司线员	2	
	3		4	
	Ⓐ	队长	Ⓑ	

(1) 比赛名称 Name of the competition；

(2) 比赛类别 Category(在方框内划×)；

(3) 性别 Division(在方框内划×)：

男 Men，女 Women；

(4) 队名 TEAMS(按秩序册填写)；

(5) 城市地点 City；

(6) 体育馆名称 Hall；

(7) 比赛场序 Match N°;

(8) 日期 Date(日/月/年);

(9) 时间 Time(24 小时制);

(10) 运动员姓名和号码 Name of the play(标明双方队长,在队长号码上划一圆圈),在自由人号码处登记自由防守队员的姓名;

(11) 双方教练 Coach 核对名单,并在记录表上签字;

(12) 第一裁判员 Referees 1st,姓名、国籍、裁判等级;

(13) 第二裁判员 Referees 2nd,姓名、国籍、裁判等级;

(14) 记录员 Scorer,姓名、国籍、裁判等级;

(15) 司线员 Line-judges,姓名(按站位顺序填写)。

双方队长挑边之后,填写以下内容(见表 7-3):

表 7-3 记录表 3

A or B	U S A	TEAMS	J P N	A or B

N°	Name of the player	N°	Name of the player
1	X	1	X
3	X	2	X
5	X	4	X
7	X	5	X
8	X		
		15	X
LIBERO PLAYERS ("L")			
2	X	3	X
14	X	11	X

OFFICIALS		
X	C	X
X	AC	X
X	T	X
X	M	X

SIGNATURES	
Team Captain	Team Captain
Coach	Coach

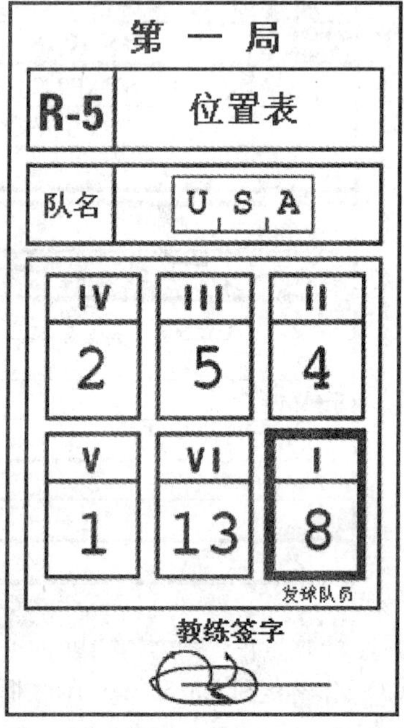
第一局

R-5	位置表
队名	U S A

IV	III	II
2	5	4
V	VI	I
1	13	8

发球队员

教练签字

(1) 双方队长 Team Captain 在记录表上签字。

(2) 确认哪支球队是 A 队，哪支球队是 B 队(第一局选择左边场地的为 A 队，右边为 B 队)。在首先发球队的队名旁的 S 处画"×"，在Ⅰ号位第 1 轮次处上画"√"。在接发球队的 R 处画"×"，在Ⅰ号位第 1 轮次内画"×"。

(3) 依据交换场地的顺序将第二、三局开始发球的顺序按以上方法填写好。

(4) 每局从第二裁判员处得到位置表，按发球秩序栏中Ⅰ～Ⅵ位置记录 A 队和 B 队队员号码，并在发球队发球轮次处上画"√"。

比赛中的记录工作要点如下(见表 7-4)：

表 7-4　记录表 4

SET 1 — START time 16:02 — TEAM U S A (A, R) — POINTS | (S) B — J P N TEAM — END time : — POINTS

		I	II	III	IV	V	VI	POINTS (A)	I	II	III	IV	V	VI	POINTS (B)
球队阵容 发球顺序		I	II	III	IV	V	VI	1–12 / 13–24 / 25–36 / 37–48	I	II	III	IV	V	VI	1–12 / 13–24 / 25–36 / 37–48
开始队员号码		8	4	5	2	1	13		3	1	6	4	2	8	
换人	替补队员号码														
	替换时比分	:	:	:	:	:	:		:	:	:	:	:	:	
		:	:	:	:	:	:		:	:	:	:	:	:	
发球轮次	1st / 5th	4✓	7✓					"T"	×	2✓					"T"
	2nd / 6th							:							:
	3rd / 7th							:							:
	4th / 8th														

SET 1 — START time 16:02 — TEAM U S A (A, R) — POINTS | (S) B — J P N TEAM — END time 16:24 — POINTS

		I	II	III	IV	V	VI	POINTS (A)	I	II	III	IV	V	VI	POINTS (B)
球队阵容 发球顺序		I	II	III	IV	V	VI	1–25 scored; 26–48 crossed out	I	II	III	IV	V	VI	1–22 scored; 23–48 crossed out
开始队员号码		8	4	5	2	1	13		3	1	6	4	2	8	
换人	替补队员号码		(7)		(12)				7		(5)			10	
	替换时比分	:	09:04	:	10:07	:	:		19:21	:	3:7	:	:	21:23	
		:	10:07	:	12:08	:	:		:	:	7:9	:	:	:	
发球轮次	1st / 5th	4✓	7✓	9✓	12✓	14✓	15✓	"T"	×	[illegible]✓	[illegible]✓	[illegible]✓	9✓	11✓	"T"
	2nd / 6th	16✓	17✓	19✓	21✓	24✓	(25)	15:14	14✓	16✓	18✓	19✓	21✓	(22)✓	7:12
	3rd / 7th							:							21:23
	4th / 8th														

(1) 按位置表上的首发阵容核对场上队员号码，核对无误后举双手向第一裁判员和第二裁判员示意记录准备工作完毕。

(2) 第一裁判鸣哨开球后，记录比赛开始时间。

(3) 检查场上队员的发球秩序。一旦发现发球秩序错误，待发球队员击球后，应立即揿响蜂鸣器，告知第二裁判员，该轮发球队员发球秩序错误，并正确记录处理结果。

(4) 排球比赛采用每球得分制，每回合成死球后，应按程序分别记录：划分→记轮次→填写该轮次交换发球权时的分数。

(5) 记录比赛的结束时间。

(6) 划去得分栏中剩余没有得分的数字。

(7) 每队在本局中得的最后一分要记录在本队的该局表中，然后在本队最后一轮队员发球得分处画上圆圈。表示本队在该局中的最后得分。当前 4 局比分为 24：24 时，必须由某队领先2分以上才能赢得该局比赛，无最高限分。

(8) 换人。替补队员上场比赛其号码应记录在被他替换下场的队员号码的方框下面的对应位置。换人时还应记录两队比分，请求换人的队的分数记录在前，另一个队记录在后。

当该局的主力队员再次上场时，要在替补他上场队员的号码上画上圆圈，并记录换人时比分。每队有6人次换人，自由人换人不记录，不计人次。

(9) 暂停：

① 当某队请求暂停时，在“T”的下方记录暂停时双方比分数。

② 前4局当比赛某队比分达到8分或16分时各进行一次技术暂停，时间为60 s，不用记录。各队还有两次的普通暂停，时间为30 s，记录在暂停栏内，请求暂停的队的分数记录在前，对方分数记录在后。

③ 第五局无技术暂停，各队有两次普通暂停，都要记录，时间为30 s。

④ 局间休息时间为3 min。

(10) 第五局(决胜局)的记录方法如下：

① 记录重新挑边后的A、B场区队名，发球和接发球次序。

② 某队先得8分时应交换场地。记录左边队交换场地时的得分，并在得分栏中划去已得分数，并把该队交换场地前的暂停、换人、比分等相关信息调整记录到右侧。

③ 记分次序：划分→记发球权→记失分方。

④ 当双方得分为14∶14时，必须由某队领先对方2分以上才能取得本场比赛的胜利。

(11) 判罚记录：

如果裁判员对运动员或运动队进行了判罚，记录员应将判罚结果对应地填写在记录表左下角的判罚栏内(见表7－5)。

记录表符号说明：C＝教练，AC＝助理教练，T＝训练员，M＝医生，数字＝队员号码，D＝延误。

表7－5 记录表5

SANCTIONS						
W (Warning)	P (Penalty)	E (Expulsion)	D (Disqual.)	Ⓐ or Ⓑ	SET	SCORE
D				A	1	17:15
	D			A	1	24:21
	5			B	3	15:6
D				B	3	15:6
		AC		B	3	15:6
	13			A	3	22:20

判罚						
警告	判罚	判罚出场	取消比赛资格	Ⓐ or Ⓑ	局	比分
D				A	1	17:15
	D			A	1	24:21
	5			B	3	15:6
D				B	3	15:6
		AC		B	3	15:6
	13			A	3	22:20

比赛结束后，应按照以下步骤结束记录工作（见表 7－6）：

（1）填写获胜队队名及本场比赛的结果。

（2）请双方队长签字，确认比赛结果。

（3）记录每局比赛用时。

（4）记录每队每局的得分，并统计得分总和。

（5）记录每队胜局数，并统计出每队胜局总和。

（6）记录每队每局的换人次数，并统计出每队换人总次数。

（7）记录每队每局的暂停次数，并统计出每队暂停总次数。

（8）记录比赛的总时间（包括比赛时间和局间时间）。

（9）按顺序依次签名，辅记员→记录员→第二裁判员→第一裁判员。

表 7－6 记录表 6

RESULTS								
TEAM	U S A		A		B	J P N		TEAM
"T"	S	W	P (Points)	SET (Duration)	P (Points)	W	S	"T"
1	4	1	25	1 (22)	22	0	4	2
1	3	0	23	2 (28)	25	1	6	2
1	5	1	33	3 (37)	31	0	5	2
1	1	1	25	4 (18)	15	0	4	1
				5 ( )				
4	13	3	106	Total Set Duration (105 mn)	93	1	19	7
Match Starting Time 16h 02mn				Match Ending Time 17h 56mn	Total Match Duration 1h 54mn			
WINNER		U S A			3 : 1			

比 赛 结 果								
队名	U S A		A		B	J P N		队名
暂停	换人	胜负 W	得分	局时间	得分	胜负 W	换人	暂停
1	4	1	25	1 (22)	22	0	4	2
1	3	0	23	2 (28)	25	1	6	2
1	5	1	33	3 (37)	31	0	5	2
1	1	1	25	4 (18)	15	0	4	1
				5 ( )				
4	13	3	106	比赛用时 (105 mn)	93	1	19	7
比赛开始时间 16h 02mn				比赛结束时间 17h 56mn	比赛总时间 1h 54mn			
胜 队		U S A			3 : 1			

4. 排球比赛简易记分方法

大型排球比赛应使用国际排联或中国排协统一规定的排球比赛记录表，在组织基层排球比赛时，也可采用简易记分表（见表 7－7），记录方法如下：

（1）比赛开始前记录比赛双方队名、日期和地点等，分别登记双方上场队员号码和场上位置，根据各队提供的主力队员号码依次从 1 至 6 号位登记在相应的左上半格的场上位置栏中，并在首先发球一方的发球轮次栏内画“○”，接发球一方画“△”。

（2）在发球轮次内画“正”字，表明发球进行到哪一轮及发球次序。换人时，将上场的替补队员号码登记在被替补的正式队员号码的下格内。如正式队员在同一局再次上场时，则在其号码上画一个圆圈。

(3) 某队请求第一次暂停时，在该队的暂停栏内的上方小格里，记录第一次暂停时的比分，下方小格记第二次暂停时的比分，请求暂停的队的比分写在前面，并在有发球权一方的比分上画“√”。

(4) 某队得分时，用“/”将该队积分栏内相应的分数划掉。

(5) 一局比赛结束时，分别将两队的最后一分上画“○”，表示两队在该局结束时的比分。

(6) 全场比赛结束时，登记比赛成绩结果，分别请双方队长和裁判员签字。

表 7-7　排球比赛简易记分方法

比赛队：体育系 — 运动系　性别（男、女）　　日期：2008-4-26　地点：排球馆

比赛成绩：　　胜队：　　裁判员签字：　　记录员签字：

第一局

发球轮次	场上位置 A队	场上位置 B队	发球轮次
○ 正	2	4	正 △
正	8	③ 7	正
正	12	6	正
正	7	2	正
正	16	8	正
正	3	5	下

第二局

发球轮次	场上位置 队	场上位置 队	发球轮次

第三局

发球轮次	场上位置 队	场上位置 队	发球轮次

比分

第一局				第二局				第三局			
1	1	18	18	1	1	18	18	1	1	18	18
2	2	19	19	2	2	19	19	2	2	19	19
3	3	20	20	3	3	20	20	3	3	20	20
4	4	21	21	4	4	21	21	4	4	21	21
5	5	22	22	5	5	22	22	5	5	22	22
6	6	23	23	6	6	23	23	6	6	23	23
7	7	24	24	7	7	24	24	7	7	24	24
8	8	25	㉕	8	8	25	25	8	8	25	25
9	9	26		9	9			9	9		
10	10	㉗		10	10			10	10		
11	11			11	11			11	11		
12	12			12	12			12	12		
13	13			13	13			13	13		
14	14			14	14			14	14		
15	15			15	15			15	15		
16	16			16	16			16	16		
17	17			17	17			17	17		

暂停

第一局		第二局		第三局	
8:11√	15:√17				
	20:√22				

队长签字：

(四) 司线员

1. 位　置

2 名司线员：分别站在第一裁判员和第二裁判员右手的角端，距场角 1～2 m。

4 名司线员：站在无障碍区距场角 1～3 m 的位置，各负责一条界线。

2. 职 责

用旗(40 cm×40 cm)按规定的旗示执行其职责。当球落在他所负责的线附近时,出示“界内”或“界外”旗示。球触及队员身体出界,出示“触手出界”旗示。球从过网区外过网或触及标志杆出示“摇旗”示意。发球时,如发球队员的脚或场上队员的脚踏出场外,示其犯规。第一裁判员询问时必须重复其旗示。

(五) 助理记录员

1. 位 置

坐在记录台,与记录员一起执行职责。

2. 职 责

(1) 记录有关后排防守队员的替换,协助记录员工作,记录员不能工作时,替代记录员工作。

(2) 比赛前:准备好后排自由防守队员替换表和备用记分表。

(3) 比赛中:记录后排自由防守队员替换;发现有关后排自由防守队员的犯规及时通知裁判员;掌握技术暂停开始和结束的时间;操作记录台上手动记分牌;监督记分牌的正确显示;必要时写好备用记分表有关内容,交给记录员。

(4) 比赛后:在后排自由防守队员替换表上签字备查;在记录表上签字。

三、裁判员之间的配合

(一) 第一裁判员与第二裁判员的配合

1. 比赛前

第一裁判员和第二裁判员到达比赛场地后,应共同检查场地、器材和设备是否符合要求。第一裁判员和第二裁判员共同主持比赛的挑边和入场仪式,准备活动时间由第二裁判员掌握。每局比赛开始前,第一裁判员应给第二裁判员充分的时间核对双方场上队员的位置。

2. 比赛中

第一裁判员重点判断发球方、进攻方和球网上沿,以及靠近第一裁判员一侧的犯规,第二裁判员重点判断接发球方、拦网方和球网下沿及自己一侧的犯规。

比赛的暂停和换人主要由第二裁判员负责。第一裁判员应给予时间使其完成换人程序。如换人出现延误,第二裁判员应及时向第一裁判员做出提示,由第一裁判员进行判罚。当某队已两次暂停和5人次换人时,应用手势通知第一裁判员。

第二裁判员发现球触及同侧的标志杆或从标志杆外过网时,应及时鸣哨并做出手势。如发现同侧的球触手出界、4次击球、背向第一裁判员的连击时,应及时做出只能让第一裁判员看见的手势,手势应在胸前。如第一裁判员未看见,第二裁判员应将手势立即收回,不得坚持自己的判断。

第二裁判员要对第一裁判员难以看见的界内球及时鸣哨并做出手势。第一裁判员鸣哨发球后或同时，第二裁判员不应再鸣哨允许某队请求暂停或换人。当记录员发现发球次序错误而撤响蜂鸣器中止比赛时，第二裁判员应及时查明情况，并报告第一裁判员，由第一裁判员进行处理。第一裁判员对某队进行判罚时，应说明原因，由第二裁判员将判罚原因通知记录员。

当发现场上队员受伤不能继续比赛时，裁判员应及时鸣哨，由第二裁判员按规则进行换人。

3. 实例分析

【例】 比赛中，第二裁判员发现进攻队员在靠近本侧有明显的 4 次击球，他马上鸣哨并做出 4 次击球的手势，第二裁判员的做法正确吗？

答：第二裁判员的做法是错误的。第二裁判员发现进攻队员 4 次击球时，只能做出让第一裁判员看见的手势，手势应在胸前。如第一裁判员未看见，第二裁判员应将手势立即收回，不得坚持自己的判断。

（二）裁判员与司线员的配合

1. 第一裁判员与司线员的配合

对界内外球的判断，一般情况下，第一裁判员应尊重司线员的判断，当球落在界线附近时，应先观察司线员的旗示，然后再做出最终判定。司线员要对界线附近的球做出判断，如未看清楚时，不要急于做出旗示，必要时可向第一裁判员说明情况。

对球触手出界的判断，特别是后场区球触身体出界的判断，第一裁判员要依靠和尊重司线员判断，司线员要及时做出准确的判断，并向第一裁判员做出示意。

当球触及标志杆或从标志杆外延长线上过网时，在第一裁判员的近端应与右边司线员配合，远端则与左边的司线员配合。

当发球队员踏及端线，或在发球区外起跳发球时，司线员应主动做出判断旗示，第一裁判员也应该注视司线员的判断。

2. 第二裁判员与司线员的配合

对第二裁判员一侧球触标志杆，或从标志杆外及延长线上的过网的判断，以及第二裁判员一侧的界内外球的判断，要与司线员配合，共同判断。

3. 司线员之间的配合

两名司线员各负责一条边线和一条端线，当球落在两人负责的界线交叉的角附近时，应由两名司线员协同判断。为此应遵循以下原则：

(1) 谁看到界外球谁先出旗，另一个司线员配合出旗。如两名司线员都未看出是界外球，则说明是界内球，两人应彼此目视，然后同时做出界内球的旗示。

(2) 按主线和辅线职责处理。如球的落点侧重在边线，则由负责边线的司线员主要判断，另一名司线员配合判断。

4. 实例分析

【例】 比赛中，司线员甲负责端线，司线员乙负责边线，来球落在端线附近，司线员甲举旗示意界外，司线员乙举旗界内，出现反旗，这种现象说明什么？

答：这种现象说明两名司线员之间缺乏配合。按主线和辅线职责处理，如球的落点侧重在端线附近，则由负责端线的司线员主要判断，另一名司线员配合判断。上述实例应该由司线员甲主要判断先出旗，司线员乙配合出旗。

(三) 裁判员与记录员的配合

1. 第一裁判员与记录员之间的配合

比赛开始前，第一裁判员要将挑边的结果通知记录员。每局比赛开始前和换人时，第一裁判员应给记录员充分的时间登记、核对场上队员的位置和登记换人号码，记录员登记和核对完毕后，应向第一裁判员举双手示意。

在比赛中，如发现比分、队员位置、发球次序、得分与换发球错误时，第一裁判员应给记录员充分的时间，以便查明情况，如第一裁判员给予某队不良行为的处罚和延误判罚时，第一裁判员应用手势清楚地表明情况，使记录员能够准确的记录。

在决胜局某队先得 8 分交换场地时，记录员应及时通知裁判员双方交换场区，第一裁判员给予必要的时间，供记录员使用。当某队已请求两次暂停和 5 人次换人后，记录员应用手势通知第一裁判员。

2. 第二裁判员与记录员之间的配合

在每局比赛开始前，第二裁判员核对场上位置后，应观察记录员是否核对完毕。记录员核对完毕后，应举双手向第二裁判员示意。

在暂停时，第二裁判员应向记录员了解双方暂停的次数。如是第二次暂停，记录员应通知第二裁判员。

在换人时，第二裁判员应注视记录员，如是合法替换，记录员应举单手向第二裁判员示意同意其换人。第二裁判员在换人区控制换人过程时，应给予记录员登记队员号码的时间。特别是在多次换人时，要依次进行。记录员登记完毕后要举双手向第二裁判员示意。

当记录员发现发球次序错误时，应在发球队员击球时，立即揿响蜂鸣器中止比赛。第二裁判员要协助记录员查明情况，并准确进行纠正。

当某队成员受到判罚或延误处罚时，第二裁判员要协助记录员进行准确登记。

3. 实例分析

【例】 比赛中，应由某队 5 号队员发球，7 号队员走到发球区发球，记录员发现了这一情况，但未制止。7 号队员发球后，记录员通知第二裁判员中止比赛。记录员的做法正确吗？裁判员应如何判罚与配合？

答：记录员的做法是正确的。当发现发球次序错误的队员要发球时，记录员必须在其发球击球后，通知裁判员该队发球次序错误。记录员可以使用铃、蜂鸣器或其他发声装置通知裁判员，裁判员应立即鸣哨中止比赛。

第二裁判员要根据记录表和位置表，核对发球次序和场上位置，并将结果通知第一裁判员。

第一裁判员鸣哨，判该队失1球，纠正并恢复该队正确的发球次序。

记录员应准确地确定发球次序错误何时发生，从而取消该队自错误发生后的所有得分。对方得分仍然有效。如果不能确定错误发生的时间，则仅判该队失1球。第二裁判员要监控记录员的工作。判罚结束并完成记录工作后，记录员举双手向第二裁判员示意，记录工作完毕。第二裁判员向第一裁判员举双手示意，可以继续比赛。

四、网上球的判断及处理方法

排球比赛网上争夺非常激烈，网上球的判断比较复杂，裁判员应该努力提高网上球的判断和处理能力。

(一) 基本概念

判断网上球时必须掌握球网的假设垂直面、飞向过网的球、击球点等几个基本概念。

1. 球网的假设垂直面

它是球网向上无限延长的假设垂直平面，是攻守双方在空间的分界线，是判断是否过网击球和过网拦网的基本依据之一。球在球网的假设垂直面上空，双方只能在不过网的情况下触及本方场区上空的那部分球体。

2. 飞向过网的球

它是指飞向对方场区而还没有过网的球，是判断过网拦网的基本依据。在球飞向过网时，且球附近没有对方队员准备击球，或不可能击到球(如在网下面准备击球)或已完成击球动作，允许过网拦网，否则为过网拦网犯规。

3. 击球点

它是队员的手或手臂触球的空间位置，是判断过网击球和过网拦网的基本依据。队员的手或手臂触球时球体完全在对方场区上空，为过网击球或过网拦网(合法的拦网除外)。

(二) 网上球的判断

网上球有3种情况：球网附近的球；球网垂直面上空的球；飞向过网的球。裁判员在判断网上球时要谨慎。

(1) 网上球争夺激烈，速度快，特别是轻微的触手出界和球是否被拦回或不过网等情况，需要裁判员敏锐观察，准确判断，并与其他裁判员密切配合。对网上球的判断必须是在看准且有把握的情况下才能做出判定，切忌作出无把握的判断，更不能根据运动员的反应和意见或询问运动员来进行判断。

(2) 球在球网附近时要注意判断球的整体是否高于球网上沿。若球的整体高于球网上沿，则应注意判断：

① 队员击球时有无持球或连击，有无过网击球或过网拦网；

② 后排队员有无拦网和进攻性击球犯规。

判断球是否高于球网上沿时，第一裁判员应稍下蹲，降低视线水平，身体稍偏向有球一侧有利于判断球整体是否高于球网上沿。

(3) 判断球网垂直面上空的球时，裁判员应正对球网，掌握球网上空假设垂直面，并注意看清击球点在哪一方的场区上空；击球有无先后等。

(4) 球飞向过网时要注意判断：

① 是第几次击球，若是第三次击球，允许过网拦网。若是第一次或第二次击球，不允许过网拦网(球附近没有对方队员准备击球除外)。

② 球飞过网后，不得追过网击球或拦网(包括与对方同时击球)，否则为过网击球犯规。若对方扣探头球，则允许合法拦网。

(三) 几种网上球的判断方法

1. 判断球是否过网

判断球是否过网的主要依据是球是否越过球网假设垂直面或直接触及拦网队员的手。球过网时触及拦网队员的手；球触球网上沿弹起后由触及拦网队员的手；拦网队员的手贴近球网上沿，球触及球网上沿的同时直接触及拦网队员的手。这 3 种情况均属于球已过网。

球未直接触及拦网队员的手，从网上反弹回来；球被击到网上，隔网击在拦网队员的手上反弹回来等，属球未过网的情况。

判断球是否过网时应注意：

(1) 在二传队员将球传出后，第一裁判员的身体应稍移向扣球一侧，上体稍向内转向网口，视野要宽，要能同时看到扣球队员、拦网队员的手和球，观察的重点在网口和拦网队员的手，主要是观察球是否触手，队员是否触网，用余光注意扣球队员的动作，观察队员是否击球犯规。

(2) 当一传球冲向网口时，裁判员应注意观察二传队员的击球情况(如是否触网、过网击球等)或球是否触及拦网队员和拦网队员是否过网拦网等情况。

(3) 当二传出球过低，扣球队员不能充分做扣球动作时，裁判员的身体需稍下降要观察网口和拦网队员的手，判断球是否触及拦网队员等情况。

(4) 第一裁判员和第二裁判员要密切配合，特别是球在第二裁判员一侧，第一裁判员不能肯定球是否触及拦网队员的手时，应主动观察第二裁判员有无手势。第二裁判员发现球明显未过网，应及时做出手势，协助第一裁判员进行判罚。

2. 过网击球的判断

进攻队员不得在对方场区上空击球，否则为过网击球。判断过网击球应注意：

(1) 击球点在本方场区上空，击球后手臂伸过网为合法。

(2) 球在球网假设垂直面上空，队员击本方场区上空的球体为合法。

(3) 当一传球飞向过网，对方队员扣“探头球”时，裁判员的身体应正对球网，主要观察扣球的击球点进行判断。

3. 过网拦网的判断

当一传冲向网口，二传队员进行向上或向后传球时，应注意观察是否有过网拦网。若球没有飞向过网，对方拦网，为过网拦网犯规。同时，注意观察二传队员有无触网犯规。拦网队员可以过网拦网，但不得干扰对方击球，必须在对方进攻性击球后才能触球。

判断过网拦网应注意：

(1) 在对方场区上空拦网，与扣球队员同时触球为过网拦网犯规。

(2) 在对方扣球队员击球前，拦网队员干扰扣球队员的扣球，为拦网犯规。

(3) 甲方队员完成进攻性击球后，乙方队员手过网拦网动作改为击球动作，应判乙方过网击球犯规。

(4) 对飞向过网的球的拦网应注意判断是第几次击球，第一、二次击球时，附近有无对方队员准备击球；扣球与拦网的时间顺序等。

4. 队员触网的判断

比赛中任何队员触及球网、标志杆和标志带为犯规。但下列情况不应判为触网犯规：

(1) 因球被击入球网造成球网触及队员；

(2) 队员在未试图进行击球的情况下轻微触网不应判为触网犯规；

(3) 队员击球后，在不影响比赛的情况下，触及网柱、网绳和网的全长以外的任何其他物体。

判断触网犯规应注意区别主动触网和被动触网，同时，应分清是球触网，还是人触网，还要分清是死球在先，还是触网在先。若在试图击球的情况下主动触网，则为触网犯规，若被动触网，则不应判触网犯规。

判断有无触网犯规时，第一裁判员首先要注意扣球队员在跳起时有无触网犯规，然后视线随扣球队员起跳而向上，在网口有短暂的停留，注意观察扣球队员扣球后及拦网队员拦网时有无在球网上沿的触网犯规。第二裁判员先注意拦网队员在起跳时有无触网犯规，之后视线由下向上转移，并在网上有短暂的停留，注意拦网队员在拦网时有无触网犯规，然后视线由上向下转移，一直观察到队员落地时的动作情况。

判断触网犯规时应注意以下几种情况：

(1) 甲方队员扣球入网，乙方队员主动触网，应判为乙方队员触网犯规。

(2) 甲方队员扣球，球出界落地后，乙方队员拦网触网，不应判触网犯规。

(3) 除击球触网和干扰比赛两种情况，比赛中的触网均不算犯规。

根据裁判工作的需要，第一裁判员可对第二裁判员提出协助判断队员网上沿明显触网犯规的要求。

五、裁判员手势的运用

(一) 第一裁判员和第二裁判员的手势

表 7－8 所列为第一裁判员和第二裁判员的手势。

表 7－8　裁判员的手势

表明性质	出示手势者 F第一裁判员 S第二裁判员	表明性质	出示手势者 F第一裁判员 S第二裁判员
允许发球	F 挥动发球队一侧手臂	发球队	F　S 平举发球队一侧手臂
交换场地	F 两臂在体前、体后绕体旋转	暂停	F　S 一臂屈肘抬起，另一手手掌放在该手指尖上
换人	F 两臂屈肘在胸前绕环	判罚	F 一手持黄牌
判罚出场	F 一手持红牌	取消比赛资格	F 一手持红、黄牌
一局或全场比赛结束	F　S 两臂在胸前交叉	发球时球未抛起	F 一臂屈肘慢慢举起，掌心向上
发球延误	F 举起八个手指并分开	掩护或拦网犯规	F　S 两臂上举，掌心向前

续表 7－8

表明性质	出示手势者 F第一裁判员 S第二裁判员	表明性质	出示手势者 F第一裁判员 S第二裁判员
位置或轮转错误	F S 一手食指在体前水平绕环	界内球	F S 整个手臂和手斜指向地面
界外球	F S 两臂屈肘上举，手掌向后摆动	持球	F 一手前平举，掌心向上
连击	F 举起两个手指并分开	四次击球	F 举起四个手指并分开
发球未过网和队员触网	F S 一手触犯规队一侧球网	过网击球	F 一手掌心向下，前臂置于球网上空
后排队员进攻性击球犯规或对对方的发球和自由防守队员在前场区的上手传球进行进攻性击球	F 一臂向上举起，前臂向下摆动	进入对方场区或球从网下通过	F S 手指指向中心
双方犯规重新发球	F 两臂屈肘竖起拇指	触手出界	F S 两臂举起，一手掌摩擦另一手指尖
延误警告延误判罚	F 以张开的右手遮挡左手手腕或以黄牌放置于手表上 警告 判罚		

(二) 司线员的旗示

表 7-9 所列为司线员的旗示。

表 7-9 司线员的旗示

表明性质	出示旗示者 L司线员	表明性质	出示旗示者 L司线员
界内球	L 向下示旗	界外球	L 向上示旗
触手出界	L 一手举旗，另一手放置在旗顶上	界外球或队员发球时脚的犯规	L 一手举旗晃动，另一手指端线或标志杆
无法判断	L 两臂胸前交叉		

第四节 沙滩排球裁判员的主要职责及工作方法

一、沙滩排球第一裁判员

沙滩排球比赛第一裁判员的主要职责和工作方法如下：

(1) 第一裁判员要始终和其他裁判人员密切合作。应该让他们在各自的岗位上各负其责，并尊重他们的判断。如果发现他们的判断有错误，第一裁判员有权改正。如果某个裁判员不能按要求去工作，第一裁判员有权撤换这名裁判员。

(2) 比赛前和比赛中，特别是在执行检查球的落点程序和四次球的判断方面，加强与其他裁判员的交流与沟通，可以保证裁判工作的顺利进行。

(3) 执裁所必需的装备对裁判员来讲是非常重要的：

① 裁判员要随身携带一副红黄牌。裁判员有时可能不在裁判椅上对运动员进行红黄牌的判罚(如准备活动时，第二局和第三局的间歇等)。

② 抽签用的挑边器。

③ 哨子，最好再随身带一只备用的哨子。

④ 一块有秒针的手表,并对准时间。

⑤ 沙滩排球裁判员是在室外工作,应具备健康的体魄。在全天的工作中要适量饮食,将工作和休息合理安排好。

(4) 第一裁判员应该对自己和其他裁判员的判断负责。第一裁判员可以让其他裁判员重复他们的判断和手势或对于他们的决定做出解释。

(5) 比赛结束后,第一裁判员负责引导运动员和工作人员退出比赛场地,保证不影响下一场比赛的顺利进行。

二、沙滩排球第二裁判员

沙滩排球比赛第二裁判员的主要职责和工作方法如下:

(1) 第二裁判员必须具备和第一裁判员同样的水平。如果因某种原因第一裁判员不能继续他的工作,第二裁判员将取代他的位置。

(2) 第二裁判员必须主动与第一裁判员交流和合作,支持第一裁判员的判断。一个好的裁判组能够主动沟通并相互支持,这种态度使得裁判员更加自信,并能体现出真正的职业水准。

(3) 第二裁判员应拥有与第一裁判员一样的装备(包括个人的红黄牌)。作为第二裁判员,虽然没有权力对队员进行处罚,但如果接替了第一裁判员的位置就要使用红黄牌了,所以必须准备好这些用具。

(4) 第二裁判员应准确地重复第一裁判员的手势。

(5) 第二裁判员要加强与记录员的沟通,监督记录员的工作完成情况,并能熟练掌握记录方法。

三、沙滩排球记录员

(一) 记录方法和内容

表 7-10 和表 7-15 分别为沙滩排球完整、阵容不完整及弃权记录示例表的正面和背面表格。

1. 比赛前

(1) 记录表(正面)顶端:

① 比赛名称 Name Competition。

② 比赛场序 Match N°(参照比赛秩序册)。

③ 地点 Site(城市)。

④ 沙滩 Beach(名称)。

⑤ 场地 Court(1、2 或 A、B 等)。

⑥ 日期 Date(日/月/年)。

⑦ 性别:男 Men 或女 Women(在方框内画×)。

表 7－10　沙滩排球完整记录示例表(正面)

WT11 - FIVB BEACH VOLLEYBALL INTERNATIONAL SCORESHEET RPS-2 out of 3 sets

FIVB

Name of Competition: Swatch - FIVB World Tour Open Australia 2008　　2008 Edition

Match No.: 3 | Site: Sidney | Beach: Bondi | Court: 2 | Date: 15/04/08 | Men [X] Women [ ] | Main Draw [X] Qual. [ ] | Elim. [X] Class. [ ] S-F [ ] Finals [ ]

A or B: (B) Zahner, L. / Anfiloff, V. Country: AUS　TEAM VS.　A or B: (A) Hines, M. / Jones, H. Country: NZL

1st SET

Start time: 09:00　End time: 09:27

service order	team	player no.	Warn.	Pen.	Pen.	Pen.	1	2	3	4	5	6	7	8	9	10	11	12	13	14	15	16	17	18	19	20
I	(A)	1	:	:	:	:	2	5	8	15	18	20	7	8	9	10	11	12	13	14	15	16	17	18	19	20
III	A or B	2	:	:	:	:	3	6	10	16	19	(21)	7	8	9	10	11	12	13	14	15	16	17	18	19	20

Time Out	Delay sanctions Warn.	Pen.	Pen.	Pen.
19:17	:	:	:	:

TEAM POINTS
NZL - white: 1 2 3 4 5 6 7 8 9 10 11 12 13 14 15 16 17 18 19 20 21 22 23 24 25 26 27 28 29 30 31 32 33 34 35 36
AUS - green: 1 2 3 4 5 6 7 8 9 10 11 12 13 14 15 16 17 18 19 20 21 22 23 24 25 26 27 28 29 30 31 32 33 34 35 36

service order	team	player no.	Warn.	Pen.	Pen.	Pen.	1	2	3	4	5	6	7	8	9	10	11	12	13	14	15	16	17	18	19	20
II	(B)	2	:	(10:14)	:	:	1	5	8	11	14	(18)	7	8	9	10	11	12	13	14	15	16	17	18	19	20
IV	A or B	1	:	:	:	:	3	6	10	12	17	6	7	8	9	10	11	12	13	14	15	16	17	18	19	20

Time Out	Delay sanctions Warn.	Pen.	Pen.	Pen.
10:13	12:18	:	:	:

Court switch A:B
4:3
8:6
11:10 (TTO)
16:12
19:16

2nd SET

Start time: 09:28　End time: 09:49

service order	team	player no.	Warn.	Pen.	Pen.	Pen.	1	2	3	4	5	6	7	8	9	10	11	12	13	14	15	16	17	18	19	20
I	(A)	2	:	:	:	:	0	2	4	6	8	10	12	14	16	10	11	12	13	14	15	16	17	18	19	20
III	A or B	1	:	:	:	:	1	3	5	7	9	11	13	15	(17)	10	11	12	13	14	15	16	17	18	19	20

Time Out	Delay sanctions Warn.	Pen.	Pen.	Pen.
14:18	:	:	:	:

TEAM POINTS
NZL - white: 1 2 3 4 5 6 7 8 9 10 11 12 13 14 15 16 17 18 19 20 21 22 23 24 25 26 27 28 29 30 31 32 33 34 35 36
AUS - green: 1 2 3 4 5 6 7 8 9 10 11 12 13 14 15 16 17 18 19 20 21 22 23 24 25 26 27 28 29 30 31 32 33 34 35 36

service order	team	player no.	Warn.	Pen.	Pen.	Pen.	1	2	3	4	5	6	7	8	9	10	11	12	13	14	15	16	17	18	19	20
II	(B)	2	:	:	:	:	1	5	7	10	12	14	16	18	20	10	11	12	13	14	15	16	17	18	19	20
IV	A or B	1	:	:	:	:	3	6	9	11	13	15	17	19	(21)	10	11	12	13	14	15	16	17	18	19	20

Time Out	Delay sanctions Warn.	Pen.	Pen.	Pen.
:	:	:	:	:

Court switch A:B
2:5
5:9
9:12 (TTO)
12:16
16:19

表 7－11　沙滩排球完整记录示例表(背面)

3rd SET

Start time: 09:50

service order	team	player no.	Misconduct sanctions Warn.	Pen.	Pen.	Pen.																				
I	(B) A or B	1	:	:	:	:	1	4	6	9	13	(15) 6	7	8	9	10	11	12	13	14	15	16	17	18	19	20
III		2	:	:	:	:	2	5	8	11	14	6	7	8	9	10	11	12	13	14	15	16	17	18	19	20

Time Out	Delay sanctions Warn.	Pen.	Pen.	Pen.
:	:	:	:	:

TEAM POINTS

AUS - green: 1 2 3 4 5 6 7 8 9 10 11 12 13 14 15 | 16 17 18 19 20 21 22 23 24 25 26 27 28 29 30 31 32 33 34 35

NZL - white: 1 2 3 4 5 6 7 8 9 10 11 12 | 13 14 15 16 17 18 19 20 21 22 23 24 25 26 27 28 29 30 31 32 33 34 35

service order	team	player no.	Misconduct sanctions Warn.	Pen.	Pen.	Pen.																				
II	(A) A or B	2	:	:	:	:	1	4	6	8	11	6	7	8	9	10	11	12	13	14	15	16	17	18	19	20
IV		1	:	:	:	:	3	5	7	10	(12)	6	7	8	9	10	11	12	13	14	15	16	17	18	19	20

Time Out	Delay sanctions Warn.	Pen.	Pen.	Pen.
6:8	:	:	:	:

Court switch A:B
3:2
5:5
7:8
9:11
11:14
:
:

End time: 10:05

(B) AUS		TEAMS	NZL (A)
No.	Players' Name	No.	Players' Name
(1)	Zahner, L.	2	Hines, M.
2*	Anfiloff, V.	(1)*	Jones, H.
Captain's pre-match signature:		Captain's pre-match signature:	
Captain's post-match signature:		Captain's post-match signature:	

OFFICIALS

	Name	Country	Signature
1st	Haas, A.	AUT	
2nd	Berard, M.	FRA	
Scorer	Redman, D.	AUS	
Linejudges	1 Giugui, S.	2 Darrow, A.	
	3	4	

RESULT	AUS TEAM (B) Time-Outs	W/L	Points	Duration (min.)	(A) TEAM NZL Points	W/L	Time-Outs
1st	1		18	27	21	W	1
2nd	0	W	21	21 *1	17		1
3rd	0	W	15	15 *2	12		1
Total	1	2	54	65 *3	50	1	3

Winning team: Zahner, L. / Anfiloff, V. (AUS) 2:1 (18:21),(21:17),(15:12)

Remarks:

Additional information attached ☐

Player #2 team B sanctioned due to deliberate kicking of one of the match balls outside of the playing area with no further consequences.

*1 09:40:15, 2nd set, 14:17 team A serving, player #1 team B requests for medical assistance.
09:41:35, accredited medical staff arrived to the court (start of 5 minutes medical T.O.)
09:45:10, match resumed. Duration 00:04:55.

*2 10:01:10, 3rd set, 13:10 team B serving, team A requests for a Protest Protocol. RD came to the court and judged the Protest Protocol as "NOT INITIATED - LEVEL 1".
10:03:05, match resumed. Duration 00:01:55.

*3 Total match duration adjustment for Medical Injury and Protest Protocol 00:06:50.

1st referee

RD

Winner of Coin Toss: A or B　Set 1 (A)　Set 3 (B)

表 7－12 沙滩排球阵容不完整记录示例表(正面)

WT11 - FIVB BEACH VOLLEYBALL INTERNATIONAL SCORESHEET RPS-2 out of 3 sets

FIVB

Name of Competition: Swatch - FIVB World Tour Open Australia 2008 (2008 Edition)

Match No: 3	Site: Sidney	Beach: Bondi	Court: 2	Date: 15 /04 /08	Men [X] Women [ ]	Main Draw [X] Qual. [ ]	Elim [X] Class. [ ] S-F [ ] Finals [ ]

A or B			Country	TEAM VS.	A or B			Country
B	Zahner, L. /	Anfiloff, V.	AUS		A	Hines, M. /	Jones, H.	NZL

1st SET

Start time 0 9 : 0 0

service order	team	player no.	Misconduct sanctions Warn.	Pen.	Pen.	Pen.		
I	A (A or B)	1	:	:	:	:	21	1 2 3 4 5 6 7 8 9 10 11 12 13 14 15 16 17 18 19 20
III		2	:	:	:	:		1 2 3 4 5 6 7 8 9 10 11 12 13 14 15 16 17 18 19 20

Time Out	Delay sanctions Warn.	Pen.	Pen.	Pen.
:	:	:	:	:

TEAM POINTS

NZL	1 2 3 4 5 6 7 8 9 10 11 12 13 14 15 16 17 18 19 20 21 (crossed out) | 22 23 24 25 26 27 28 29 30 31 32 33 34 35 36
AUS	1 2 3 4 5 6 7 8 9 10 11 12 13 14 15 16 17 18 19 20 21 22 23 24 25 26 27 28 29 30 31 32 33 34 35 36

service order	team	player no.	Misconduct sanctions Warn.	Pen.	Pen.	Pen.		
II	B (A or B)	1	:	:	:	:	0	1 2 3 4 5 6 7 8 9 10 11 12 13 14 15 16 17 18 19 20
IV		2	:	:	:	:		1 2 3 4 5 6 7 8 9 10 11 12 13 14 15 16 17 18 19 20

Time Out	Delay sanctions Warn.	Pen.	Pen.	Pen.
:	:	:	:	:

TTO

Court switch A : B

End time 0 9 : 0 0

2nd SET

Start time 0 9 : 0 0

service order	team	player no.	Misconduct sanctions Warn.	Pen.	Pen.	Pen.		
I	A (A or B)	1	:	:	:	:	21	1 2 3 4 5 6 7 8 9 10 11 12 13 14 15 16 17 18 19 20
III		2	:	:	:	:		1 2 3 4 5 6 7 8 9 10 11 12 13 14 15 16 17 18 19 20

Time Out	Delay sanctions Warn.	Pen.	Pen.	Pen.
:	:	:	:	:

TEAM POINTS

NZL	1 2 3 4 5 6 7 8 9 10 11 12 13 14 15 16 17 18 19 20 21 (crossed out) | 22 23 24 25 26 27 28 29 30 31 32 33 34 35 36
AUS	1 2 3 4 5 6 7 8 9 10 11 12 13 14 15 16 17 18 19 20 21 22 23 24 25 26 27 28 29 30 31 32 33 34 35 36

service order	team	player no.	Misconduct sanctions Warn.	Pen.	Pen.	Pen.		
II	B (A or B)	1	:	:	:	:	0	1 2 3 4 5 6 7 8 9 10 11 12 13 14 15 16 17 18 19 20
IV		2	:	:	:	:		1 2 3 4 5 6 7 8 9 10 11 12 13 14 15 16 17 18 19 20

Time Out	Delay sanctions Warn.	Pen.	Pen.	Pen.
:	:	:	:	:

TTO

Court switch A : B

End time 0 9 : 0 0

表 7－13 沙滩排球阵容不完整记录示例表(背面)

3rd SET

Start time: ____ : ____

service order	team	player no.	Misconduct sanctions Warn.	Pen.	Pen.	Pen.																				
I	◯ A or B		:	:	:	:	1	2	3	4	5	6	7	8	9	10	11	12	13	14	15	16	17	18	19	20
III			:	:	:	:	1	2	3	4	5	6	7	8	9	10	11	12	13	14	15	16	17	18	19	20

Time Out	Delay sanctions Warn.	Pen.	Pen.	Pen.
:	:	:	:	:

TEAM POINTS

1 2 3 4 5 6 7 8 9 10 11 12 13 14 15 16 17 18 19 20 21 22 23 24 25 26 27 28 29 30 31 32 33 34 35

1 2 3 4 5 6 7 8 9 10 11 12 13 14 15 16 17 18 19 20 21 22 23 24 25 26 27 28 29 30 31 32 33 34 35

service order	team	player no.	Misconduct sanctions Warn.	Pen.	Pen.	Pen.																				
II	◯ A or B		:	:	:	:	1	2	3	4	5	6	7	8	9	10	11	12	13	14	15	16	17	18	19	20
IV			:	:	:	:	1	2	3	4	5	6	7	8	9	10	11	12	13	14	15	16	17	18	19	20

Time Out	Delay sanctions Warn.	Pen.	Pen.	Pen.
:	:	:	:	:

Court switch
A : B
:
:
:
:
:
:
:

End time: ____ : ____

TEAMS

Ⓑ AUS		Ⓐ NZL	
No.	Players' Name	No.	Players' Name
①*	Zahner, L.	2	Hines, M.
2	Anfiloff, V.	①*	Jones, H.
Captain's pre-match signature:		Captain's pre-match signature:	
Captain's post-match signature:		Captain's post-match signature:	

OFFICIALS

	Name	Country	Signature
1st	Haas, A.	AUT	
2nd	Berard, M.	FRA	
Scorer	Redman, D.	AUS	
Linejudges	1 Giugui, S.	2 Darrow, A.	
	3	4	

RESULT

	AUS TEAM Ⓑ Time-Outs	W/L	Points	Duration (min.)	Ⓐ TEAM NZL Points	W/L	Time-Outs
1st	0		0	0	21	W	0
2nd	0		0	0	21	W	0
3rd							
Total	0	0	0	0	42	2	0

Winning team: Hines, M. / / Jones, H. (NZL) 2 : 0 (21 0) (21 0) (:)

Remarks:

Additional information attached ☐

Team B forfeited the match due to injury by player #2.
Both teams and players were present.
1st referee

RD

Winner of Coin Toss: A or B Set 1 Ⓐ Set 3 ◯

表 7－14 沙滩排球弃权记录示例表(正面)

WT11 - FIVB BEACH VOLLEYBALL INTERNATIONAL SCORESHEET RPS-2 out of 3 sets

FIVB

Name of Competition: Swatch - FIVB Paris Grand Slam

2008 Edition

Match No.: 45	Site: Paris	Beach: Champ de Mars	Court: C	Date: 04 /06/ 08	Men [X] Women [ ]	Main Draw [X] Qual. [ ]	Elim [X] Class. [ ] S-F [ ] Finals [ ]

A or B			Country		A or B			Country
(B)	Xu / Wu		CHN	TEAM VS.	(A)	Rogers, T. / Dalhausser, P.		USA

1st SET

Start time 0 9 : 0 0

service order	team	player no.	Misconduct sanctions Warn.	Pen.	Pen.	Pen.																					
I	(A)	1	:	:	:	:	(0)	1	2	3	4	5	6	7	8	9	10	11	12	13	14	15	16	17	18	19	20
III	A or B	2	:	:	:	:		1	2	3	4	5	6	7	8	9	10	11	12	13	14	15	16	17	18	19	20

Time Out	Delay sanctions Warn.	Pen.	Pen.	Pen.
:	:	:	:	:

TEAM POINTS

USA 1 2 3 4 5 6 7 8 9 10 11 12 13 14 15 16 17 18 19 20 21 22 23 24 25 26 27 28 29 30 31 32 33 34 35

CHN 1 2 3 4 5 6 7 8 9 10 11 12 13 14 15 16 17 18 19 20 21 22 23 24 25 26 27 28 29 30 31 32 33 34 35

TTO

Court switch A : B

service order	team	player no.	Misconduct sanctions Warn.	Pen.	Pen.	Pen.																					
II	(B)	1	:	:	:	:	(0)	1	2	3	4	5	6	7	8	9	10	11	12	13	14	15	16	17	18	19	20
IV	A or B	2	:	:	:	:		1	2	3	4	5	6	7	8	9	10	11	12	13	14	15	16	17	18	19	20

Time Out	Delay sanctions Warn.	Pen.	Pen.	Pen.
:	:	:	:	:

End time 0 9 : 0 0

2nd SET

Start time 0 9 : 0 0

service order	team	player no.	Misconduct sanctions Warn.	Pen.	Pen.	Pen.																					
I	(A)	1	:	:	:	:	(0)	1	2	3	4	5	6	7	8	9	10	11	12	13	14	15	16	17	18	19	20
III	A or B	2	:	:	:	:		1	2	3	4	5	6	7	8	9	10	11	12	13	14	15	16	17	18	19	20

Time Out	Delay sanctions Warn.	Pen.	Pen.	Pen.
:	:	:	:	:

TEAM POINTS

USA 1 2 3 4 5 6 7 8 9 10 11 12 13 14 15 16 17 18 19 20 21 22 23 24 25 26 27 28 29 30 31 32 33 34 35

CHN 1 2 3 4 5 6 7 8 9 10 11 12 13 14 15 16 17 18 19 20 21 22 23 24 25 26 27 28 29 30 31 32 33 34 35

TTO

Court switch A : B

service order	team	player no.	Misconduct sanctions Warn.	Pen.	Pen.	Pen.																					
II	(B)	1	:	:	:	:	(0)	1	2	3	4	5	6	7	8	9	10	11	12	13	14	15	16	17	18	19	20
IV	A or B	2	:	:	:	:		1	2	3	4	5	6	7	8	9	10	11	12	13	14	15	16	17	18	19	20

Time Out	Delay sanctions Warn.	Pen.	Pen.	Pen.
:	:	:	:	:

End time 0 9 : 0 0

表 7－15　沙滩排球弃权记录示例表(背面)

3rd SET

Start time ___ : ___

service order	team	player no.	Misconduct sanctions Warn.	Pen.	Pen.	Pen.																				
I	◯ A or B		:	:	:	:	1	2	3	4	5	6	7	8	9	10	11	12	13	14	15	16	17	18	19	20
III			:	:	:	:	1	2	3	4	5	6	7	8	9	10	11	12	13	14	15	16	17	18	19	20

Time Out	Delay sanctions Warn.	Pen.	Pen.	Pen.
:	:	:	:	:

TEAM POINTS

1 2 3 4 5 6 7 8 9 10 11 12 13 14 15 16 17 18 19 20 21 22 23 24 25 26 27 28 29 30 31 32 33 34 35

1 2 3 4 5 6 7 8 9 10 11 12 13 14 15 16 17 18 19 20 21 22 23 24 25 26 27 28 29 30 31 32 33 34 35

service order	team	player no.	Misconduct sanctions Warn.	Pen.	Pen.	Pen.																				
II	◯ A or B		:	:	:	:	1	2	3	4	5	6	7	8	9	10	11	12	13	14	15	16	17	18	19	20
IV			:	:	:	:	1	2	3	4	5	6	7	8	9	10	11	12	13	14	15	16	17	18	19	20

Time Out	Delay sanctions Warn.	Pen.	Pen.	Pen.
:	:	:	:	:

Court switch A : B
:
:
:
:
:
:
:
:

End time ___ : ___

TEAMS

(B) CHN		USA (A)	
No.	Players' Name	No.	Players' Name
(1)*	Xu	2	Rogers, T.
2	Wu	(1)*	Dalhausser, P.
Captain's pre-match signature		Captain's pre-match signature	[signature]
Captain's post-match signature		Captain's post-match signature	[signature]

OFFICIALS

	Name	Country	Signature
1st	Haas, A.	AUT	[signature]
2nd	Berard, M.	FRA	[signature]
Scorer	Redman, D.	AUS	[signature]
Linejudges	1 Giugui, S.	2 Darrow, A.	
	3	4	

RESULT	CHN TEAM (B)			Duration (min.)	(A) TEAM USA		
	Time-Outs	W/L	Points		Points	W/L	Time-Outs
1st	0		0	0	0	W	0
2nd	0		0	0	0	W	0
3rd							
Total	0	0	0	0	0	2	0

Winning team: Rogers, T. / Dalhausser, P. (USA) 2 : 0 (0 : 0),(0 : 0),(:)

Remarks:

Additional information attached ☐

Team B forfeit the match due to no show.

1st Referee [signature]

RD [signature]

Winner of Coin Toss: A or B　Set 1 (A)　Set 3 ◯

⑧ 标明正选赛 Main Draw 或资格赛 Qual.(在方框内画×)。

⑨ 标明比赛性质(在以下格内画×):

- 单淘汰赛、双淘汰之胜赛或小组赛 Elim;
- 双淘汰之负赛或淘汰赛 Class;
- 半决赛 S-F;
- 决赛 Finals。

⑩ 队员姓名(参照秩序册,A、B 队待挑边后填),国家 Country(或参赛队队名)。

(2) 记录表(背面)左侧中间球队一栏:

① 国家(在队名与圆圈之间);

② 队员姓名 Players' Name(参照秩序册);

③ 队员号码 No. 。

(3) 第二页左侧中下的工作人员一栏:

① 第一裁判 1st(姓名、国家);

② 第二裁判 2nd(姓名、国家);

③ 记录员 Scorer(姓名、国家);

④ 司线员 Line-judges,姓名(按站位顺序填写)。

2. 挑　边

比赛开始前记录员必须获取以下信息并填写:

(1) 挑边之后:

① 请队长确认队员姓名、号码、发球秩序,首先发球队员的号码标以"*"号,并签字。

② 在球队栏中标明队长和队员号码(核对是否与服装一致)。

③ 标明 A、B 队,并在备注栏中标明挑边获胜队。A、B 队由第一局在记录台左、右的位置决定,一直保持下去,与后两局实际位置无关。

(2) 自第一裁判员处获取:

① 首先发球队。

② 双方场地。

(3) 在各局之外的 6 个圆圈中分别填写 A、B 队(记录台左侧为 A),A、B 的顺序要一致。

(4) 按发球顺序将首先发球队的队员号码分别填在Ⅰ、Ⅲ中,后发球队的队员号码填在Ⅱ、Ⅳ中。

(5) 在球队积分栏中球队积分字样的后面注名参赛队名,必要时写上服装颜色。如 AUS-Green。

3. 比赛中

(1) 在每局的开始时间中填写比赛开始的实际时间,即裁判员鸣哨开球的时间。

(2) 比赛进行中按记分表的发球顺序检查发球次序。

(3) 在1～20的轮次空格里记录每个队员的发球开始和结束。记录的实际顺序是Ⅰ格、Ⅱ格等。操作如下：

① 在首先发球队员的第一轮次空格里将1划掉，待该队员失去发球权时，记下该队此时的总积分。

② 然后发球顺序移至Ⅱ的第一空格，将1划掉。如此类推。

③ 两队轮次之间是两队的积分，在每次得分后划掉该队分数。

(4) 比赛始终按上述方法记录，直至：

① 该局比赛结束，填写实际结束时间。即裁判员鸣哨结束比赛的时间。

② 前两局先得21分并同时至少超过对方2分的队胜一局。如果出现20∶20，比赛继续进行直至某队领先2分为止(22∶20等)。

③ 将该局未得的分数划掉。

④ 在发球顺序最后一轮空格里填上结束时的比分，并圈起来。如果接发球队得最后1分，分数填在下一个轮次的空格里，不划掉格中的轮次数。

⑤ 两队最后轮次中被圈掉的分数，应与积分栏中积分数相同。

(5) 在交换场区的栏目中记下交换时的比分。A队在左，B队在右，两队比分相加是7或7的倍数。如果没能及时交换，按实际分数填写。没填的空格用“×”划掉。

(6) 在交换场区栏目的技术暂停中记下比分，A在左，B在右。只有第一、二局中比分合计为21分时才进行技术暂停。

(7) 完成以上记录至该局比赛结束，填上结束时间。

(8) 第三局(决胜局)的记录方法：

① 挑边后，记录员在发球秩序栏中确认A、B队。

② 将挑边获胜队填入备注栏中。

③ 然后按前两局的方法继续填写，但是：

- 每逢5的倍数交换场区。
- 第三局(决胜局)先得15分并至少领先对方2分的队获胜。如果比分为14∶14，则比赛继续进行至某队领先2分时结束。

(9) 暂停：在发球秩序栏之下的暂停Time Out栏中记录暂停为

① 在请求暂停队的栏目中填写暂停时的比分。

② 请求暂停队的分数写在前面。

(10) 不良行为的判罚：

① 所有不良行为判罚Misconduct Sanctions都记在各局的判罚栏中。

② 被判罚队的比分记在前面(记判罚时而非判罚后的比分)。

③ 比分要写在被判罚队员对应的判罚栏中。

④ 因判罚而得的比分，在积分栏中用圆圈圈起来。

（11）延误判罚：

① 所有的延误判罚 Delay Sanctions 记在各局的延误判罚栏中。

② 被判罚队的比分写在前面（记判罚时而非判罚后的比分）。

③ 因判罚而得的比分，在积分栏中用圆圈圈起来。

4．比赛后

（1）比赛结果 RESULT 栏中，各局比赛的持续时间为该局裁判员鸣哨开球至裁判员鸣哨结束比赛，即该局的开始时间至结束时间。

（2）比赛总持续时间为第一局的开始时间至最后一局的结束时间。

（3）如果因意外比赛间断而延长了比赛时间（如气候原因等），要在该局持续时间和总持续时间后画“＊”号。

（4）在比赛结果的积分栏中填写各队各局的积分数及合计 Total 栏中的各队总积分。

（5）在胜负栏中各局胜队一方记“W”字样，负队不记。在合计栏中分别记双方“W”的个数。

（6）各局暂停栏中记各队暂停次数，合计栏中记各队暂停总次数。

（7）持续时间、得分、胜负（合计）和暂停栏中只填数字。

（8）在最下面的胜队栏中，填写：

① 胜队队名 Winning Team；

② 胜队队员姓名；

③ 比局（2：0 或 2：1）；

④ 各局比分（胜队写在前面）。

（9）按如下顺序分别签字：

① 两队队长；

② 记录员；

③ 第二裁判员；

④ 第一裁判员。

5．备　注

（1）赛前、赛中、赛后记录员都有可能被要求在备注栏中记事。

（2）记事时文字要简明、扼要、准确。

（3）要写明时间、对象（如局、分、队、队员号码、时间等）。

（4）必要时记事后须裁判员签字。

（5）备注栏中要有第一局和第三局挑边胜队的记录。

（6）出现申述时，按如下文字记录：

① 如果裁判代表不接受申述，则在备注栏中记“NOT INITIATED”；

② 如果申述进入实施，而结果被拒绝，则写明“REJECTED”；

③ 如果申述进入实施，而结果获成功，则写明“ACCEPTED”；

④ 如果申述未能进行，则写明“PENDING”。

6. 特殊情况

（1）如果发生取消比赛、弃权、阵容不完整等情况，记录员至少需完成如下记录：

① 赛前需要填写的所有内容；

② 划掉所需的积分；

③ 完整填写比赛结果一栏。

（2）如果积分或发球秩序栏目填满而比赛尚未结束，将启用另外一张记分表。要在备注栏里注明并在赛后得到裁判员的确认。

（3）只有因不良行为和延误判罚的得分画圈。

（4）不同局的不良行为和延误判罚因不跨局积累，不必转抄到另一张记录表上。

（二）记录员的其他职责

（1）记录员的工作非常重要，他必须与第二裁判员紧密合作。如果记录员因种种原因没有准备好，一定要让第二裁判员知道，第二裁判员在记录台未准备好之前不能允许比赛开始。

（2）记录员一定要举牌显示准确的发球队员号码给发球队员（号码牌显示到发球队员发完球为止）。

举牌显示号码一定要快不要拖延。如果不是应该发球的队员准备去发球或已到发球区准备发球，记录员要通知第二裁判员进行纠正。

（3）如果错误的发球队员已经发球触球，记录员应揿响蜂鸣器指出发球一方轮次错误。

（4）赛前落实有关发球的队、发球次序、场地的选择，以及队长的签字等情况，这是很重要的。如果相关信息尚未得到，记录员应通知第二裁判员以便完成这些工作。

四、沙滩排球司线员

（1）司线员除应判断好“界内”、“界外”球之外，还要注意球是否触到拦网队员的手，因为拦网队员触到球为该队3次击球中的1次，所以司线员要给裁判员做出触手的旗示，以防漏掉四次击球犯规。

（2）司线员的旗示要等到第一裁判员看到后再收回。

（3）司线员应清楚“界外球”（如球从标志杆外或上面完全通过）及相关犯规的定义，并且能用旗示准确地表明犯规的性质。

（4）当被问及球的落点时，司线员必须指出球的正确落点位置及相关情况。

附录　排球比赛中常用英语单词

国际排联 FIVB　Federation International Volleyball (FIVB)

国际排联裁判委员会　International Referee's Commission(IRC)

特别裁判委员会　special refereeing commission

裁判管理委员会　referee's control committee

发展委员会　development committee

亚运会　Asian Game

奥运会　Olympic Game

世界杯　World Cup

世界锦标赛　World Championship

邀请赛　invitational tournament

公开赛　open game

锦标赛　championship

联赛　league

国际比赛　international tournament

表演赛　exhibition game

大奖赛　grand prix

对抗赛　dual meet; dual match

选拔赛　try-out; selective trials

义赛　benefit

安慰赛　consolation match

元老赛　veteran's event

循环赛　round robin

淘汰赛　elimination game

预赛　heat; trial match

半决赛　semi-final heat

四分之一决赛　quarter final

决赛　final

每球得分制 rally point system

仲裁 jury
技术代表 technical delegate
裁判员 referee
第一裁判员 Referees 1st
第二裁判员 Referees 2nd
替补裁判员 reserve referee
司线员 line-judges
记录员 scorer
助理记录员 assistant scorer
播音员 announcer
捡球员 ball retrievers
擦地员 moppers
教练 coach
助理教练 assistant coach
队长 captain
自由防守队员 libero player

裁判实习 practical clinic
裁判任命书 referee′s nomination
酒精检测 alcoholic test
兴奋剂检测 doping control

器材与设备 facilities and equipment
线 lines
界线 boundary lines
边线 sidelines
端线 end lines
中线 centre line
进攻线 attack line
发球区短线 service short line
区域 area
准备活动区域 warm-up area

判罚区域 penalty area
控制区 control area
面积 dimensions, delimitation fence
场区地面 playing surface
区 zone
场区 playing zone
前场区 front zone
后场区 back zone
发球区 service zone
无障碍区 free zone
换人区 substitution zone
自由人替换区 libero replacement zone

球网 net
网高 height of the net
过网区 crossing space
球网垂直面 vertical plane of the net
球网的界外部分 outside part of the net
标志带 side bands
标志杆 antennae
网柱 posts

球 ball
周长 circumference
质量 weight
气压 pressure
三球制 three - ball system
上衣 jersey
短裤 short
队长标志 badge of captain
灯光 lighting
照明 lumination
温度 temperature

气压表 pressure gauge
量高尺 measuring rod
裁判台 referee's stand
记录台 scorer's table
电子记分显示牌 electronic scoreboard
扩音器 loudspeakers
换人牌 numbered card

记分表 score sheet
位置表 line - up sheet
自由防守队员控制表 libero player control

挑边 toss up
胜一场 to win a match
胜一局 to win a set
胜一球 to win a rally
弃权 default
阵容不完整 declared incomplete

队的阵容 team line - up
开始位置 starting position
开始阵容 starting line up
位置错误 out of position
位置错误犯规 positional fault
前排队员 front - row player's
后排队员 back - row player's
轮转 rotation
轮转错误 rotation fault

界内 inside
界外 outside
击球 hit the ball
连续击球 consecutive contacts
同时击球 simultaneous contacts

不合法击球 illegal contact
四次击球 fourth hit
借助击球 assistant hit
持球 catch
连击 double contact
双方犯规 double fault
球超过球网 ball crossing the net
球触球网 ball touching the net
球入球网 ball in the net
球网附近的队员 player at the net
网下穿越 penetration under the net
触网 contact with the net

发球秩序 service order
发球的允许 authorization of the service
发球权 right of serve
失发球权 loss of service
换发球 change of service
发球擦网 net serve
发球掩护 screening
个人掩护 individual screen
集体掩护 collective screen
发球犯规 service fault
位置错误犯规 positional faults

进攻性击球 attack hit
完成进攻性击球 completed attack
进攻性击球犯规 attack - hit fault

拦网 block
拦网试图 block attempt
完成拦网 completed block
集体拦网 collective block
拦发球 blocking the service

拦网犯规　blocking fault
过网犯规　interference/ fault over the net

比赛间断　game interruption
正常比赛间断　regular game interruption
合法间断　legal interruption
不合法间断　illegal interruption
间断的连续　sequence of interruption
外因造成的中断　external interference
被拖延的间断　prolonged interruption
暂停　time out
技术暂停　technical time out
换人　substitution
合法替换　legal substitution
不合法替换　illegal substitution
特殊替换　exceptional substitution
替换队员　substitute player
受伤　injury
恢复时间　recovery time
延误　delay
延误警告　delay warning
延误判罚　delay penalty
局间休息　set intervals
交换场区　change of courts

不良行为　misconduct
非道德行为　unsportsmanlike conduct
轻微不良行为　minor misconduct
粗鲁行为　rude
冒犯行为　offensive
侵犯行为　aggression
判罚　penalty
警告　warning
黄牌　yellow card

红牌 red card
驱逐出场 expulsion
取消比赛资格 disqualification

判定 decision
改判 change of decision
犯规 fault
犯规的处理 consequence of a fault
手势 hand signals
职责 responsible
权力 authority

比赛结果 game results
比赛开始时间 match starting time
比赛结束时间 match ending time
比赛总时间 total match duration

传球 passing/set
二传 setter
垫球 dig
接发球 reception
拦网 block
扣球 spike
发球 serve
吊球 drop spike
进攻 attack
防守 defend
技术 technique
战术 tactics

参考文献

[1] 排球教材编写组.排球.北京:人民体育出版社,1979.

[2] 排球教材编写组.排球.北京:高等教育出版社,1987.

[3] 排球编写组.排球.北京:人民体育出版社,1992.

[4] 黄汉升主编.球类运动——排球.北京:高等教育出版社,2005.

[5] 黄辅周,等.排球运动科学探蹊.北京:北京体育大学出版社,1996.

[6] 中国排球协会.排球竞赛规则(2005—2008).北京:人民体育出版社,2006.

[7] 中国排球协会.沙滩排球竞赛规则(2003).北京:人民体育出版社,2003.

[8] 吴中量,李安格主编.球类运动——排球.第2版.北京:高等教育出版社,1997.

[9] 虞重干主编.排球运动.北京:人民体育出版社,1999.

[10] 袁合,等.实用运动竞赛学.北京:人民体育出版社,1996.

[11] 刘建和,等.运动竞赛学.成都:四川教育出版社,1990.

[12] 张百振主编.体育竞赛裁判学.北京:高等教育出版社,2000.

[13] 运动竞赛学编写组.运动竞赛学.北京:北京体育大学出版社,1994.

[14] 王蒲.运动竞赛方法研究.北京:人民体育出版社,2001.

[15] 总政治部宣传部.部队基层体育竞赛组织方法.济南:黄河出版社,2005.

[16] 汪玮琳.运动竞赛学.北京:中国经济出版社,2004.

[17] 高子琦,黄辅周.排球裁判必读.北京:北京体育大学出版社,1998.

[18] 唐奎.排球竞赛裁判手册.北京:人民体育出版社,2002.

[19] 宋凯.世界排球运动大事记.中国排球,1993(3).

[20] 陈小蓉.排球竞赛规则的演变.体育科技,1991(1).

[21] 孙杰.六人制排球规则的演变.中国排球,1993(3).